JN410205

주 재 완 지음

선문대학교 출판부

세계평화통일가정연합 사상 연구Ⅲ

초판1쇄 발행 2018년 2월 14일

지은이 | 주재완

발행인 | 황선조

발행처 | 선문대학교 출판부

등록번호 | 제9호

등록일 | 1998년 9월 25일

주소 | 충남 아산시 탕정면 선문로 221번길 70 선문대학교(31460)

전화 | 041-530-2827 팩시밀리 | 041-530-2979

판매가 | 12,000원

ISBN 978-89-8423-831-2 03200

세계평화통일가정연합 사상 연구Ⅲ

주 재 완

지음

선문대학교 출판부

● 책머리에

이 책은 앞서 출판한 필자의 졸저 『통일교 사상 연구 1』, 『통일교 사상 연구 2』 이후, 필자가 발표한 논문들과 발표하지 않은 글들을 모은 책입니다. 몇몇 곳에서 새로운 해석을 시도해 보았고, 책의 말미에는 짧은 단상들도 포함시켰습니다. 아직도 많이 부족한 글들이지만, 세계평화통일가정연합 사상의 발전을 위한 논의에 조금이라도 함께하고 싶은 마음에서 책으로 펴냅니다.

천일국 5년 천력 12월 7일

주 재 완 올림

차 례

• 세계평화통일가정연합의 주요 문헌 각주 표기 방법

이 책에서 다음과 같은 세계평화통일가정연합의 주요 문헌들이 사용되었고, 이 문헌들이 인용될 경우 처음부터 각주에서 문헌들의 자세한 정보는 생략하고 아래와 같은 방법으로 간단히 표기 하였다.

- 문선명선생말씀편찬위원회. 『문선명선생말씀선집』. 서울: 성화사.
- 세계평화통일가정연합. 『천성경』. 서울: 성화출판사, 2013.
- 세계평화통일가정연합. 『평화경』. 서울: 성화사, 2013.
- 세계평화통일가정연합. 『참부모경』. 서울: 성화사, 2015.
- 세계평화통일가정연합. 『원리강론』. 서울: 성화출판사, 2006.
- 세계기독교신령협회. 『원리해설』. 서울: 성화사, 1961.
- 통일사상연구원. 『통일사상요강』, 제3판. 천안: 통일사상연구원, 2007.

각주 표기방법

기본적으로 아래와 같이 간단히 문헌의 제목과 쪽 숫자만 제시한다. 말씀선집과 천일국 경전의 경우에는 마침표(.)와 콜론(:)을 사용한 형식으로 해당 항 또는 해당 쪽을 가리킨다. 천일국 경전 속의 지문 또는 기도문을 참조할 경우에는 쪽 숫자만 제시한다.

- 『문선명선생말씀선집』 34:7. (34권 7쪽을 의미)
- 『참부모경』 2.1.4:1. (2편 1장 4절 1항을 의미)
- 『천성경』 3.2.4:3. (3편 2장 4절 3항을 의미)
- 『평화경』 3.4:395. (3편 4장 395쪽을 의미)
- 『천성경』, 161 지문. (161쪽에 나오는 지문을 의미)
- 『천성경』, 1646 기도문. (1646쪽에 나오는 기도문을 의미)
- 『원리강론』, 21.
- 『원리해설』, 40.
- 『통일사상요강』, 120.

제1장_ 메시아 성화의 의미[1)]

세계평화통일가정연합(이하 가정연합)에서 성화(聖和)란 영인체와 육신으로 구성된 인간이 육신을 벗음으로써 지상 생활을 마치고 영인으로서 영계의 삶을 시작하는 것을 의미한다. 재림메시아인 참아버님이 2012년 천력 7월 17일 성화하였다. 메시아도 인간이기 때문에 언젠가는 영계로 가야한다는 사실을 알고 있었지만, 참아버님의 갑작스런 성화는 미처 마음의 준비를 하지 못했던 우리들에게 충격을 주었다. 그러나 창조원리와 복귀원리를 상고해보면, 참아버님의 성화는 참아버님이 지상에서 재림메시아의 사명을 완수한 후 육신을 벗고 천상천국에 입성하는 자연스럽고 거룩한 사건이었다. 참아버

1) 이 글은 2014년『통일세계』7월호에 실렸던 글을 수정 보완한 것이다. 이 글은 성화2주년을 앞두고 쓴 글이기 때문에 지금의 시점에서 이미 시효가 지난 내용들도 포함하고 있지만, 그때의 상황을 반영하고 보여주는 가치가 있다고 판단하여 거의 그대로 두었다. 또한 이 글은 전적으로 교단 내부의 신도들을 대상으로 하고 있기 때문에, 교단 내부의 용어와 관점을 추가 설명 없이 그대로 사용하였다.

님의 성화의 의미를 깊고 바르게 이해하는 것은 신앙의 성숙을 위하여 필요하다. 참아버님의 성화 2주년을 맞이하여 참아버님의 성화의 의미를 다시 한 번 통일신학적으로 조명해 보고자 한다. 참아버님의 성화의 의미는 크게 다음과 같은 4가지로 생각해 볼 수 있다.

첫째, 참아버님의 성화는 하나님의 창조원리에 의한 자연스러운 과정이다. 창조원리에 의하면, 인간은 영인체와 육신을 가진 존재로 지상에 태어나 지상의 삶을 통해 영인체를 완성한 후 육신을 벗고 영인이 되어 영계에서 영생하도록 창조되었다. 하나님이 계획한 인간의 본질은 영인체 즉 영인이며, 궁극적 삶의 무대는 영계이다. 육신을 가진 지상의 삶은 3대축복을 완성하여 하나님을 닮는 기간이다. 인간은 반드시 일정한 기간이 지나면 노쇠한 육신을 벗고 영계로 가서 하나님과 함께 영원히 사랑을 주고받으며 기쁨으로 살게 되어 있다. 따라서 인간이 노쇠한 육신을 벗는 것은 창조원리에 따른 자연스러운 현상이며, 하나님이 준비한 영원한 삶을 시작하는 기쁨의 순간이다. 성화는 인간의 삶의 노정 가운데 필연적이며 자연스럽고 고귀한 하나의 과정이다.

기독교는 전통적으로 예수님이 육신의 죽음에서 다시 살아났다고 믿으며, 이것이 바로 예수님이 메시아라는 사실을 보여주는 사건이라고 주장한다. 통일신학의 관점으로 볼 때, 이 주장은 하나님의 창조원리와 복귀원리를 알지 못한 결과이다. 초림 메시아 예수님은 인간이며, 따라서 예수님의 부활이란 예수님이 육신을 가진 인간으로 다시 살아난 것이 아니라, 육신을 벗은 영인으로서 제자들 앞에 나타나 활동한 것을 의미한다.

창조원리와 복귀원리에 의하면, 하나님이 인류를 구원하기 위해 보내는 메시아는 인간이다. 따라서 메시아도 영인체와 육신을 가진 인간으로 태어나 성장과 성화의 과정을 통과하며, 그것은 필연적이고 자연스럽고 거룩한 것이다. 메시아란 하나님이 새로운 인류의 조상으로 창조한 인간으로서, 타락한 첫 인간조상 아담 해와를 대신하는 존재이다. 메시아는 인간의 새로운 조상으로서, 참부모가 되어 타락한 아담 해와의 후손인 타락인간들을 하나님의 자녀로 복귀해 주어야 하며, 아담 해와가 타락함으로 인해 이루지 못했던 지상천국을 출발시켜야 한다. 이와 같은 사명을 이루어야 하는 메시아는 인간이며, 따라서 창조원리에 따라 메시아도 때가 되면 지상의 삶을 마치고 영계의 삶을 시작한다. 재림메시아로 지상에 온 참아버님이 때가 되어 약해진 육신을 벗음으로써 지상의 삶을 마감하고 영계의 삶을 시작하는 것은 필연적이고 자연스러우며 거룩한 과정이다.

둘째, 창조원리에 의하면, 참아버님은 성화 후에도 천주 안에 살아서 우리들과 함께 하고 있다. 참아버님의 성화 이후 육체적으로 함께 하지 않는 참아버님을 그리워하는 신도들의 정서는 한편 자연스럽다. 그러나 창조원리를 깊이 깨달을 때, 참아버님은 천주적으로 지금 여기 살아서 우리들과 함께 하고 있음을 알 수 있으므로, 기쁨으로 모시고 함께 살아가는 우리들의 자세가 더욱 필요할 것이다.

창조원리에 의하면, 육신을 벗은 영인은 더 이상 시간과 공간의 제약을 받지 않고 방대한 영계와 지상을 모두 자신의 삶의 무대로 삼는다. 그리고 영계가 인간의 궁극적인 삶의 단계인 것을 고려하면, 영계의 영인은 오히려 더 생생히 살아 있는 것이며, 본질적인 삶을 영위한다고 이해된다. 완성한 영인일수록 그 삶은 천주 속에서 더욱 자유롭다. 따라서 완성한 인간조상인 참아버님은 이제 시간과 공간을 초월하여 온 천주를 자유롭게 다니며 섭리를 이끈다. 더욱이 참아버님은 참어머님과 함께 신인애일체를 완성하여 천주를 주관하는 분이므로, 그동안 지상에서 시간과 공간의 제약으로 말미암아 함께 하기 어려웠던 지상과 영계의 모든 축복가정들과 일반 신도들에게 시간과 공간을 초월하여 더 가까이 더 친밀하게 함께 할 수 있고 그들을 인도할 수 있다. 가정연합을 중심한 지상의 섭리도 더욱 입체적으로 주관할 수 있다. 물론 지상에 생활하면서도 천주를 주관하였지만, 영계에서는 시공을 초월하여 보다 자유롭게 천주를 주관할 수 있다.

이와 같이 창조원리적으로 볼 때, 모든 축복가정들과 일반 신도들은 천주의 지평 위에서 참아버님을 모시고 함께 살고 있는 것이다. 따라서 가정연합 내부적으로는 참아버님의 성화와 관련하여 추모라는 표현보다, 참아버님이 지금 여기 우리들과 함께 살면서 우리들을 인도하고 있음에 초점을 맞춘 표현이 더 적절하다. 추모라는 것은 죽어서 지금 여기 없는 사람에 대한 표현이기 때문이다. 천주적으로 우리들과 함께 하는 참아버님은 우리들이 육체적인 차원에서 참아버님을 그리워하는 모습보다, 참아버님과 참어머님을 천주적으로 모시고 기쁨과 소망 속에서 섭리를 이루어 나가려는 진취적인 자세를 더 원할 것이다.

셋째, 창조원리와 복귀원리에 의하면, 참아버님은 참어머님과 함께 참부모로서 지상과 영계의 구원섭리를 주관하고 있다. 참아버님 성화 이후 일부 신도는 참아버님은 영계에 있으므로 영계의 섭리를 주관하고, 참어머님은 지상에 있으므로 지상의 섭리를 주관한다고 생각할 수 있다. 육신의 눈으로 볼 때 그렇게 생각할 수도 있으나, 원리적으로 볼 때 참아버님은 영계의 섭리는 물론 지상의 섭리도 참어머님과 함께 주관한다고 이해된다. 참부모님은 새로운 인간 조상으로서 지상과 영계의 모든 인간들을 구원해야 하므로 그 분들의 구원섭리의 범위는 지상과 영계를 모두 포괄하는 천주이다. 따라서 참부모님은 지상과 영계 어디에 있더라도 함께 지상과 영계의 구원섭리를 모두 주관한다. 참아버님과 참어머님은 지상에 있을 때에도, 영계에 있을 때에도, 함께 지상과 영계의 섭리를 모두 주관한다.

그러므로 지상에서 가정연합은 참어머님의 주관만을 받는 것처럼 보일 수 있지만, 사실은 천주적으로 참아버님과 참어머님의 주관을 함께 받고 있는 것이다. 우리는 이와 같은 원리에 입각해 입체적으로 참부모님과 섭리를 이해해야 한다. 육적 오관에만 의지해 참부모님과 섭리를 바라보려는 것은 아직 신앙적으로 충분히 성숙하지 않은 모습일 것이다. 한편 영적인 오관이 계발된 축복가정과 신도들은 참아버님의 천주적인 활동을 이미 생생히 체험하고 있을 것이다. 참부모님에 대한 원리적 이해와 영적 체험이 일치된다.

그렇다면 가정연합 내부적으로 '참아버님의 유지를 받든다'라는 표현의 사용도 자제하는 것이 좋을 것이다. 이 표현은 참아버님이 지상에서 진행되는 섭리를 주관하지 못하고, 지상에

남은 우리들끼리 그분의 뜻을 이루어 드린다는 함의를 가질 수 있기 때문이다. 참아버님의 유지를 받든다는 인간적인 다짐도 귀하겠지만, 우리들에게 보다 적절한 것은 참아버님과 참어머님을 천주적으로 함께 모시고 섭리를 이루어 가려는 성숙한 신앙적 태도일 것이다.

넷째, 참아버님은 지상에서 메시아의 모든 사명을 완수한 후 영광스럽게 천상천국에 입성하였다. 초림 메시아 예수님은 유대민족의 불신으로 인해 메시아의 사명을 완수할 수 없었지만, 재림메시아 참아버님은 지상에서 하나님이 부여한 메시아 참부모로서의 모든 책임과 사명을 완수하였다. 재림메시아 참부모님은 타락한 첫 인간조상 아담과 해와를 대신한 분들이며, 또한 초림 메시아 예수님과 성신을 대신하는 분들로서, 하나님이 새로운 인간조상으로 창조한 분들이다.

복귀섭리는 궁극적으로 하나님의 책임분담과 인간의 책임분담으로 구성된다. 하나님의 책임분담은 메시아를 위한 환경을 조성하고 메시아를 보내는 것이다. 인간의 책임분담은 다시 메시아의 책임분담과 인류의 책임분담으로 나뉜다. 메시아의 책임분담은 참부모가 되어 타락인간을 구원하는 기반을 완성하고 지상천국을 개문하는 것이며, 인류의 책임분담은 메시아 참부모를 통해 원죄를 청산 받고, 메시아 참부모를 모시고 따라 성장하며 개문된 지상천국을 이루어가는 것이다. 이 과정에서 메시아는 사탄을 굴복시키고, 인간의 타락으로 인해 슬픔과 고통 가운데 있는 하나님을 해방시켜 드려야 한다.

우리가 목도하듯이, 참아버님은 지상에서 참어머님과 함께 하나님과 신인애일체를 이룬 참부모가 됨으로써, 지상과 영계의 모든 타락인간들의 원죄를 청산하고 하나님의 직계자녀로 거듭나게 해줄 수 있는 축복결혼의 기반을 천주적으로 완성하였다. 그리고 복귀섭리를 완성할 수 있는 축복결혼식의 실적을 세계적으로 세웠다. 그 기반 위에서 사탄의 자연굴복을 받고, 하나님 왕권즉위식을 통해 하나님을 해방시켜 드렸다. 참아버님은 참어머님과 함께 최종적으로 지상천국 즉 천일국을 건설할 수 있는 영적인 기반과 지상의 실체적인 기반을 완성하여, 기원절을 통해 천일국을 개문하였다. 참아버님은 지상에서 메시아로서의 이 모든 책임과 사명을 완수한 후 평화의 왕으로서 천상천국에 최초로 입성한 것이다.

그러므로 참아버님의 성화는 지상에서 메시아의 섭리적 책임과 사명을 완수함으로써 지상의 삶을 성공적으로 매듭짓고, 영광스럽게 천상천국에 입성한 인류 역사 최초의 역사적이고 천주적인 승리의 날로 이해되어야 한다. 참아버님의 성화를 생각할 때 무엇보다도 참아버님이 일생을 거쳐 완성한 구원의 기반과 천일국의 개문에 감사드리며 기뻐하고 참아버님께 영광을 돌려드려야 할 것이다. 이제 남은 것은 인류의 책임분담이다. 하나님의 자녀로 먼저 복귀된 축복가정들은 전 인류를 참부모님 앞으로 인도하고 천일국 건설에 앞장서도록 노력해야 할 것이다. 아직 축복결혼에 참여하지 못한 인간들은 자신의 책임분담을 완수함으로써 참부모님을 통해 원죄를 청산 받고 하나님의 직계자녀가 될 수 있으며, 함께 협력하여 천일국을 건설해 나갈 수 있다.

참아버님의 성화가 위와 같은 의의를 가질 때, 참아버님의 성화를 기념하는 성화절은 단순히 참아버님의 지상의 삶을 기억하고 그리워하는 날만이 아니다. 참아버님의 성화절은 하나님 안에서 지금 우리들과 함께 하는 참아버님과 참어머님을 모시고 화동하는 축제의 장이며, 참아버님과 참어머님이 완성한 구원의 절대적 기반을 온 인류와 함께 기뻐하고 그 앞에 감사드리는 축제의 장이 되어야 할 것이다. 또한 참아버님의 승리와 그 영광을 다시 한 번 천주 앞에 선포하는 날이 되어야 할 것이다. 이제 두 번째 맞이하는 참아버님의 성화절에 전 세계의 축복가정들과 일반 신도들은 성숙한 신앙인으로서 하나님과 참부모님을 모시고 감사와 기쁨과 소망 속에서 천일국 건설에 더욱 매진할 것을 다시 한 번 다짐해야 하겠다.

제2장_ 천일국시대 참부모님의 위상

1. 시작하는 글

이 글은 천일국 헌법의 입장을 따라 '참부모'는 참된 부모라는 의미의 일반명사로 사용하며, '참부모님'은 문선명·한학자 양위분을 가리키는 고유명사로 사용한다. '천지인참부모님'은 하나님과 일체를 이룬 참부모님을 의미하는 호칭으로 사용한다.

이 글은 천일국 경전 중의 하나인 『참부모경』에 기초하여 다음과 같은 기본 입장에서 참부모님의 위상과 가치를 이해하고 정리한다. 첫째, 참부모님은 독생자 독생녀로 탄생하였으며, 둘째, 천일국시대에 참부모님 양위분은 동위권에 있으며, 셋째, 참부모님의 위상과 권위는 유일무이하며, 넷째, 오직 참부모님만이 타락인간의 원죄를 청산할 수 있으며, 다섯째, 참부모님 양위분은 함께 천주평화의 왕으로서 천일국을 주관하며, 여섯째, 참부모님은 하나님과 신인애일체를 이룬 천지인

참부모님으로서, 하나님의 실체대상이다. 글의 전개는 먼저 창조원리적 관점과 복귀원리적 관점에서 참부모의 원리적 의미를 살펴보고, 이에 기초하여 천일국 시대의 참부모님의 위상과 가치를 정리한다. 관련된 참부모님의 말씀의 일부를 각 주에 직접 인용하였다.

2. 창조원리와 참부모

1) 이성성상의 하나님

하나님은 양성(陽性)과 음성(陰性)의 이성성상(二性性相)의 중화·통일적 존재이다.[1] 하나님의 양성은 남성적 성품을 음성은 여성적 성품을 의미한다. 하나님의 양성의 실체대상으로 전개한 것이 남자이며, 음성의 실체대상으로 전개한 것이 여자이다.[2]

---

1) 양성 음성의 통일적 존재라는 표현은 양성 음성이 사랑을 중심으로 통일된다는 것에 초점을 맞춘 표현이다. "우리 원리를 보면, 하나님이 이성성상의 중화적 존재라고 말하지요? 중화적 입장에서 사랑을 중심삼은 통일적 존재라는 것은 아직까지 이야기를 하지 않았습니다. 거기에 사랑을 중심삼고 통일적 존재라는 것을 첨부해야 합니다." 『문선명선생말씀선집』 223:268.

2) "하나님은 이성성상의 주체로 계십니다. 무형의 이성성상의 주체로 계시는 하나님의 남성격 내적 성품을 실체로 전개해서 상대적으로 만들어 놓은 것이 아담이고, 여성격 내적 성품을 실체로 전개해 놓은 것이 해와입니다." 『천성경』 1.3.2:2. 성경 창세기에 '하나님의 모습대로 사람을 창조하시되 남자와 여자로 창조하셨

하나님은 인간을 당신의 자녀로 창조하였으며, 따라서 하나님은 인간의 부모이다. 양성과 음성의 이성성상으로 존재하는 하나님은 하나님 아버지와 하나님 어머니가 중화·통일을 이룬 분이다. 이와 같은 하나님의 본성을 잘 나타내는 호칭은 '하늘부모님'일 것이다. 참부모님은 말씀 속에서 "하늘 부모"라는 호칭을 많이 사용하였다. 『원리원본』도 많은 곳에서 하나님을 "하날 父母"로 부른다. 하날은 하늘의 북한식 사투리로서 '하날 부모'는 '하늘 부모'와 같은 의미이다. 『원리원본』은 "하나님 아바지" "하나님 어머님"의 표현도 많이 사용한다. 따라서 기원절 이후 세계평화통일가정연합(이후 가정연합)이 사용하고 있는 하늘부모님(하날부모님)이라는 표현은 인간 앞에 부모인 하나님의 본성을 명확하게 담고 있는 호칭이다.

천일국 시대에 하나님을 하늘부모님으로 부르는 것은 섭리적 변화에 따른 필요이기도 하다. 물론 하나님을 아버지로 부르는 것은 하나님이 아버지와 어머니를 종합한 분이되 한 분이므로 대표로 아버지로 부른 이유도 있었다.[3] 더 깊은 이유

다'는 구절도 하나님이 양성 음성 이성성상의 존재임을 뜻한다. 창세기 1:27

3) "아담은 하나님의 남성적 성품을 전개시킨 것이요, 해와는 하나님의 여성적 성품을 전개시킨 것입니다. 이렇게 볼 때 우리 일반 사람들은 보통 '하나님 아버지!'라고 하는 것은 한 분이니까 그렇게 말하겠지만, 그 한 분이라는 개념 가운데는 '하나님 아버지, 어머니'라는 개념이 들어가 있는 것입니다." 『문선명선생 말씀선집』 140:121.

는 복귀섭리 상의 과정에 의한 것이다. 하나님의 이성성상이 피조세계에 온전히 표현되기 위해서는 하나님과 일체된 완성한 남자와 여자가 필요하다. 하나님 아버지와 하나님 어머니가 피조세계에 온전히 드러나기 위해서는 하나님과 일체된 완성한 인간 아버지와 어머니가 있어야 한다. 복귀섭리 상에서 참부모님이 하나님과 일체를 이룸으로써 비로소 하나님은 양위분을 통해 하나님 아버지와 하나님 어머니로 자신을 드러낼 수 있게 되었다. 따라서 기원절 이후 하나님을 명확히 부모로 드러내는 호칭도 필요한 것이다.

오해하지 말아야 할 것은 『원리강론』이나 말씀 속에 나타나는 '하나님이 남성격 주체'라는 표현이 하나님이 남성임을 의미하지 않는다는 점이다. 『원리강론』은 제1장 「창조원리」에서 하나님을 피조세계에 대해 "남성격 주체"라고 말한다.[4] 이 표현은 하나님이 남성이라는 의미가 아니다. 하나님은 남성과 여성의 이성성상의 중화적 주체라고 분명히 규정된다. 그 규정을 뒤따라 나오는 하나님이 남성격 주체라는 표현은 하나님

4) "따라서 피조세계가 창조되기 전에 있어서의 하나님은 성상적인 남성격 주체로만 계셨기 때문에, 형상적인 여성격 대상으로 피조세계를 창조하셔야만 했던 것이다." "하나님은 ...... 본성상적 남성(男性)과 본형상적 여성(女性)의 이성성상의 중화적 주체로 계시며, 피조세계에 대하여는 성상적인 남성격 주체로 계시다는 사실을 알 수 있다." 『원리강론』, 27.

과 피조세계와의 상대적 관계를 의미한 것이다. 하나님은 피조세계에 대해 주체이며, 피조세계는 하나님 앞에 대상이라는 의미이다. 주체 대상의 상대적 관계를 남성격 여성격이라는 상대적 관계로 표현한 것이다. 인간을 예로 들어보자. 주체되는 하나님 앞에 부부는 대상이다.5) 이런 의미에서 하나님은 이성성상이되 주체격 곧 남성격이 되며, 부부도 이성성상이되 대상격 곧 여성격이다.6) 남성 여성을 모두 갖춘 하나님이지만 주체격 곧 남성격이고, 남성 여성을 모두 갖춘 피조세계이

---

5) "사람도 남자 여자가 하나된 대상 실체가 될 때, 비로소 하나님의 사랑의 상대가 됩니다." 『천성경』 1.2.2:19. "하나님이 인격적인 신이라면, 하나님은 누구를 닮았을까요? 하나님은 아담 해와를 합한 그러한 분이라는 것입니다. 이성성상의 주체는 하나님입니다. 여자와 남자를 합해 놓은 두루뭉수리가 아닙니다. 합해 놓았지만 주체격을 갖춘 분입니다. 이 주체격 무형의 신 앞에, 주체격을 대신해서, 남자와 여자가 하나돼 가지고 그 무형의 하나님 앞에 상대격을 갖추어서 묶어지는 것이, 하나님의 창조이상을 완성하는 것이요, 우리 인간 아담 해와의 이상을 완성하는 것입니다." 『문선명선생말씀선집』 166:208.

6) "하나님이 여자예요, 남자예요? 여자도 되고 남자도 됩니다. 남자 성품만 가졌다면 여자만 바라보게 되는 것입니다. 아담은 그늘에서 살아야 된다는 것입니다. 그렇게 여자도 바라보고 남자도 바라볼 수 있는 두 가지의 성품을 함께 지녔습니다. 그러니까 결국 종적인 자리에서 남자도 좋아하고 여자도 좋아하는 이성성상을 가진 중화적 주체라는 것입니다. 그것이 하나님이십니다. 남자도 필요하고 여자도 필요해 가지고 어디든지 가서 맞아 언제든지 주체의 자리에 있으니 주체격입니다. 그렇기 때문에 격위에서는 남성격입니다. 그리고 횡적이란 여성격을 말하는 것입니다." 『문선명선생말씀선집』 188: 92. 이 외에도 남성 여성 이성성상의 하나님이 격위로는 남성격이라는 말씀은 많이 있다. "원리로 말하면 하나님은 이성성상의 중화적 존재로서 격에 있어서는 남성격입니다." 『문선명선생말씀선집』 195:20. "하나님이, 보이지 않는 이성성상의 중화적 존재가 격위에서는 남성격인데 이것이 체를 입은 것입니다. 몽땅 투입해 가지고 아담 해와를 지었다는 것입니다." 『천성경』 2.5.2:4.

지만 대상격 곧 여성격이다. 양성 음성 곧 남성 여성은 서로 조화로운 상대적 관계를 나타내는 관계적 범주이기도 하다.[7] 말씀 속에 나타나는 하나님의 '격위' 또는 '격'이라는 표현은 피조세계에 대한 하나님의 관계적 위상을 의미한다.[8] 『원리원본』은 하나님의 두 성품(양성兩性 즉 남성 여성)을 전개한 것이 피조세계라는 내용을 강조한다.[9] 하나님을 부모로 이해하는 것은 통일원리의 핵심이다.[10]

2) 신인애일체와 참부모 이상

하나님은 신인애일체를 이루기 위해 자신의 양성과 음성의 실체 대상으로 아담 해와를 창조하였다. 무형의 하나님은 완성한

---

7) 통일신학에서 사용되는 양성 음성의 개념에 대한 보다 체계적인 이해는 다음을 참조하시오. 주재완, 『통일교 사상 연구 II』, 제2장-제4장.

8) "하나님은 이성성상의 중화적 존재이고 위치나 차원에 있어서는 남성격 주체라는 것입니다." 『참부모경』 1.1.4:11.

9) "그렇다면 創造한 意義는 하나님 自體 하나이나 性에서는 兩性이었다. 이 하나의 自體인 自我(하나님)를 複數體系로서 벌려 놓은 것이 創造的 根本意義이다." "그러므로 創造란 것은 하나님의 性品 二性 卽 男性 女性 卽 陽性 陰性의 自體를 無限小 ~ 無限大까지 벌려 놓은 것이 이 天宙의 眞狀이다." 『원리원본』. 원본의 한글은 필자가 현재 통용되는 철자로 수정하였다.

10) 하나님을 부모로 이해하는 가정연합의 신관은 전통적으로 하나님을 남성으로 이해해온 유일신 종교들의 신관의 한계와 문제점을 넘어서고 해결하는 대안으로 제시되고 있다. 특히 오늘날 양성평등의 가치를 위한 탁월한 신학적 근거를 제시한다.

아담과 해와의 체를 입고 사랑의 이상을 성취하며, 유형의 피조 세계를 주관하고자 하였다.[11] 하나님과 완성한 아담 해와가 신인애일체를 이루면 무형의 하나님은 아담과 해와의 체를 입고 유형의 하나님으로 나타나 천주를 주관한다.[12] 하나님은 마음과 같고 아담과 해와는 하나님의 대표 몸과 같다.[13] 하나님의 양성은 아담의 체를 입고, 하나님의 음성은 해와의 체를 입는다. 아담과 해와는 함께 하나님의 몸이 된다.[14] 하나님이 만왕의 왕

---

11) "하나님은 왜 아담과 해와를 필요로 했겠습니까? 두 가지의 목적이 있습니다. 첫째는 사랑의 이상을 성사하자는 것입니다. 둘째는 뭐냐? 무형의 하나님이 형상을 쓰고 나타나시기 위해서입니다. 그렇기 때문에 무형의 하나님이 유형의 형상을 쓰고 유형세계와 관계 맺을 수 있는 그 기초, 그 핵심이 아담과 해와입니다." 『천성경』 4.1.1:8.

12) "무형의 하나님은 체가 없습니다. 체를 입지 않고는, 체를 갖지 않고는 영계나 지상세계를 치리할 수 없습니다. 하나님이 나타나기 위해서는 체를 입어야 할 텐데, 그 체를 입는 대표가 아담 해와입니다. 타락하지 않은 아담 해와의 체를 입고 나타나는 것입니다. 그러므로 아담 해와는 인류의 시조인 동시에 천지를 주재하는 하나님이 되는 것입니다. 실체를 가진 하나님, 즉 영원한 무형세계의 하나님의 형상을 대신 입고 나타난 자리, 부모의 자리에서 세계를 통치할 책임이 아담 해와에게 있었다는 것입니다. 아담 해와를 지은 것은 아담 해와의 형상을 따서 영계와 육계를 연합시키기 위해서입니다." 『천성경』 1.3.2:12.

13) "하나님이 나타나기 위해서는 체를 입어야 할 텐데, 그 체를 입는 대표가 아담 해와입니다." 『천성경』 1.3.2:12. "그래서 아담과 해와가 완성해서 영계에 가면, 아담과 해와는 하나님의 몸과 같고 하나님은 아담과 해와의 마음과 같은 자리에서 보이지 않는 것입니다." 『천성경』 4.1.1:8.

14) "하나님께서 이처럼 인간을 1남 1녀로 분립하여 창조하신 데는 목적이 있습니다. 첫째로, 이성성상의 중화적 주체로 자존하시면서도 무형으로 계시는 하나님께서는 실체세계를 상대하는데 필요한 체를 입기 위함이었습니다. 남성의 체만도 아니요, 여성의 체만도 아닌 아담과 해와 두 사람의 체를 입고 실체세계와 자유자재로 교통하고 작용하기 위함이었던 것입니다. 체를 입지 않은 무형의 하나님으로서만은 유형실체세계를 상대하는 데 한계가 있기 때문입니다." 『평화경』 4.12:633.

이므로 하나님과 일체된 아담과 해와도 만왕의 왕이다.

하나님의 양성 음성은 이미 중화·통일 되어 있으므로 상대적 관계를 통한 기쁨을 느끼지 못하기 때문에, 아담과 해와를 분립된 실체 대상으로 창조하시고 분립된 아담과 해와가 완성하여 사랑으로 일체를 이룰 때 하나님도 함께 일체가 됨으로써 기쁨을 느끼고자 하였다.15) 이것이 정분합작용이다.16)

이와 같은 신인애일체를 통해 인류의 시조 참부모가 현현한다. 하나님은 완성한 아담과 해와와 함께 결혼식을 올리고, 그들을 통해 하나님의 직계 혈동의 인류를 번식하려고 하였다.17) 완성한 아담과 해와의 결혼은 곧 하나님 자신의 결혼이

---

15) "사랑의 개념에서 남녀가 갈라졌습니다. 보이지 않는 하나님이 사랑이 일치된 거기에서는 자극을 느끼지 못하니까 분립시켜서 자극을 느끼기 위한 것입니다. (중략) 사람도 남자 여자가 하나된 대상 실체가 될 때, 비로소 하나님의 사랑의 상대가 됩니다." 『천성경』 1.2.2:19.

16) "남자는 하나님의 플러스 성품을, 여자는 하나님의 마이너스 성품을 대신한 실체대상입니다. 창조이념은 양성의 중화체로 계신 하나님의 성상을 이성으로 분립했다가 다시 하나님의 본성상을 닮은 모습으로 합성일체화합니다." 『천성경』 1.2.3:1.

17) "결혼식을 하면 어떻게 되느냐? 하나님은 이성성상으로 되어 있지요? 하나님의 여성성상은 해와한테 들어가고 남성성상은 아담한테 들어가 하나되는 것입니다. 다시 말하면, 아담 해와는 실체를 쓴 하나님의 몸이라는 사실을 알아야 됩니다. 그렇게 되면 하나님은 아담과 해와의 내적인 이성성상에 들어가 사랑으로 하나되는 것입니다. 거기서부터 하나님의 혈통을 받게 됩니다." 『문선명선생말씀선집』137:88. "아담과 해와가 완성하여 완전일체를 이룬 사랑의 실체가 되면 그 위에 하나님께서 임재하여 인류의 참사랑의 부모가 되고자 함에 있었던 것입니다. 하나님의 형상적 실체 부모의 입장에 서게 되는 아담과 해와가 실체의 자녀를 번식함으로써 이상가정, 이상세계를 이룰 수 있었을 것

다.[18] 하나님의 양성은 아담에게, 음성은 해와에게 임하여 그들의 결혼식은 곧 하나님의 결혼식이 된다. 하나님과 일체된 아담과 해와의 자녀는 아담과 해와의 자녀이자 곧 하나님의 자녀이다.[19] 하나님은 창조주로서 인류의 궁극적인 종적인 참부모이며, 완성하여 하나님과 일체된 아담과 해와는 땅의 부모로서 인류의 횡적인 참부모이다.[20] 하나님의 창조목적은 종적인 참부모와 횡적인 참부모가 일체 되어 하나님 혈통의 인류를 횡적으로 번식하는 것이다.[21] 종적인 참부모 하늘부모님은 천주부모이고, 횡적인 참부모 완성한 아담과 해와는

입니다." 『평화경』 4.12:633.

18) "아담과 해와의 실체 결혼식은 하나님의 결혼식입니다." 『천성경』 12.3.3:10. "다시 말해서 완성한 아담과 해와의 절대 성을 중심삼은 결혼은 하나님 자신의 결혼이 되었을 것입니다. 하나님이자 아담이요, 해와이자 하나님이 되어 아담과 해와는 하나님의 몸이 되고, 하나님은 그들의 마음자리에 안착하시어, 더불어 유형 무형의 두 세계에서 절대 성을 중심한 인류의 참부모가 되었을 것입니다." 『천성경』 13.1.3:9.

19) "인간이 타락하지 않았으면 하나님이 천지인부모가 됩니다. 하나님이 직접 마음에 들어와 있고, 그다음에 몸을 쓰고, 그다음에 사랑의 상대를 만나서 사랑함으로써 자녀를 낳아 가정의 진짜 부모가 되는 것입니다. 그런 부모를 지금까지 못 모셨습니다. 그렇기 때문에 창조이상은 몸을, 체를 써서 자기 자녀로부터 가정을 만들고, 민족·국가·세계·천주를 만드는 것입니다." 『천성경』 2.5.1:7.

20) "타락이 없었더라면 아담 해와가 결혼할 때, 하나님은 아담 해와의 마음속에 들어가서 그들과 일체적 사랑을 이루셨을 것입니다. 하나님은 종적인 참부모이시요, 아담과 해와는 횡적인 참부모가 되었을 것입니다." 『평화경』 3.3:338.

21) "따라서 아담과 해와가 마음속에 하나님을 모시고 일체가 되어 완성한 터전 위에 결혼을 하고 자녀를 낳아 가정을 이루었더라면 아담과 해와는 외적이요 횡적인 실체의 참부모가 되고, 하나님은 내적이요 종적인 참부모가 되었을 것입니다." 『평화경』 4.12:633.

천지부모이며, 천주부모와 천지부모가 하나 되면 천지인부모가 된다.[22] 하나님의 창조목적을 이루기 위한 출발점은 하나님과 아담 해와가 일체 된 천지인부모의 출현이다.[23] 하나님과 아담 해와가 신인애일체를 이룬 첫 천지인부모는 인류의 참시조이며 천주를 주관하는 만왕의 왕이다.

그러나 아담과 해와는 타락하여 오히려 사탄의 자녀를 번식하게 되어, 하나님의 참부모 이상은 이루어지지 못했다. 하나님은 참부모 이상을 다시 찾아 이루기 위해서 참부모 메시아를 보내 타락인간을 본연의 인간으로 회복해야 한다.

3. 복귀섭리와 참부모

1) 복귀섭리와 참부모 메시아

하나님의 구원섭리는 복귀섭리이며 재창조섭리이다. 따라

---

22) "하늘의 부모님을 천주부모라고 합니다. 천지부모는 땅의 참부모입니다." 『천성경』 2.5.1:5. "무형의 하나님인 천주 하나님과 천지 하나님, 둘이 합해서 천지인부모가 되는 것입니다." 『천성경』 2.5.1:18.

23) "천주부모는 무형의 신으로 무형세계의 주인이요, 천지부모는 땅의 주인으로 아담 완성의 주인입니다. (중략) 하나님이 아담 몸 가운데 들어가고 해와의 몸 가운데 들어가서 실체를 쓴 부모가 되어 아들딸을 낳아야만 정착하는 것입니다." 『천성경』 2.5.1:19.

서 구원섭리는 하나님의 처음 창조와 동일한 형식으로 전개된다. 앞에서 살펴 본바와 같이, 하나님의 창조목적은 하나님의 자녀로 창조된 아담과 해와가 완성하여 하나님과 신인애일체를 이룬 천지인참부모가 되어 하나님의 자녀들을 번식하는 것이었다. 재창조섭리도 같은 형식을 따른다. 하나님의 자녀로 다시 창조된 1남 1녀가 하나님과 신인애일체를 이루어 천지인참부모가 되어, 사탄 혈통의 타락한 인간들을 하나님 혈통의 자녀로 다시 낳아줌으로써 하나님 혈통의 인류를 번식한다. 그러므로 하나님의 복귀섭리의 핵심은 먼저 하나님의 직계 혈통의 자녀 1남 1녀를 다시 창조하여, 인류의 참된 시조 참부모로 세우는 것이다. 인류가 고대해 온 구세주 메시아란 바로 타락한 아담과 해와를 대신하여 다시 창조된 하나님의 직계 혈통의 아들딸이며 참된 인류의 시조인 참부모이다.[24)]메시아의 본질은 참부모 메시아이다. 인류 역사는 참부모 메시아를 출현시키기 위한 복귀섭리 역사요 재창조 역사였다.

그렇다면 어떻게 역사 속에서 사탄 혈통의 인간들을 통해 하나님 혈통의 참부모가 탄생할 수 있을까? 다시 말해 어떻게

---

24) "재림의 목적이 무엇입니까? 참부모입니다. 재림주가 참부모입니다. 메시아는 참부모를 뜻합니다." 『천성경』 2.1.1:25. "참부모가 역사상에 나와야 됩니다. 그러한 역사적 사명을 대행하는 하나의 존재가 구주라는 존재, 메시아라는 존재입니다. (중략) 그것을 이루려면 메시아는 틀림없이 참부모로 와야 됩니다." 『천성경』 2.1.1:26.

원죄 있는 타락인간들을 통해 원죄 없는 하나님의 아들딸이 탄생할 수 있을까? 복귀원리에 의하면, 그것은 모자협조에 의한 장자권 복귀로 인해 가능하다.[25] 원죄란 사탄이 아담 해와와 맺은 비원리적인 혈통적 인연을 내세워 그들의 후손들도 자신의 자녀라고 주장할 수 있는 조건을 말한다.[26] 타락인류가 원죄를 가지고 있다는 것은 사탄이 아담 해와와의 혈통적 인연으로 자신의 자녀라고 참소할 수 있는 조건을 가지고 있음을 의미한다. 이런 참소 조건을 가진 인간은 사탄의 자녀이다. 따라서 하나님이 자신의 혈통을 지닌 자녀를 탄생시킨다는 것은 사탄의 혈통적인 참소 조건을 제거한 터전 위에서, 최초로 아담과 해와를 창조했듯이, 다시 첫 인간 남녀를 창조하는 것을 의미한다. 창조원리적 관점으로 보면 사탄의 혈통적 자녀인 타락인간은 본연의 인간이 아니다. 따라서 하나님 앞

---

25) "모자 모두 사탄의 공격을 벗어날 수 있는 조건을 세운 터 위에서 사탄을 대표하는 장자를 굴복시킴으로써 사탄이 선점한 사랑과 생명과 혈통을 복귀해 오신 것입니다." 『평화경』, 120. "사탄의 거짓 사랑의 씨가 해와의 태중에 뿌려져서 악의 생명이 태어났으니까 하나님께서는 어머니의 태중까지 들어가서 분별해 놓지 않고서는 하늘의 아들이 태중에서 탄생할 수 없었던 것입니다." 『평화경』 1.8:120.

26) "사탄의 참소조건을 가진 것을 원죄라고 하는데, ……." 『참부모경』 1.1.2:16. "예수님은 사탄이 참소할 수 있는 자리를 벗어난 입장에서 태어났기 때문에 원죄가 없는 분입니다. 사탄의 주관권 내에서 사탄과 접한 것이 원죄인데, 예수님은 사탄의 참소조건을 넘어 태어나신 분이기 때문에 원죄와는 상관이 없다는 것입니다." 『참부모경』 1.1.2:15.

에 참부모 메시아는 가치적으로 다시 최초로 창조하는 본연의 인간이며 인간시조이다. 모자협조를 통해 복중에서부터 장자권을 복귀한 터전 위에서 하나님이 창조한 인간에게 사탄은 자신의 자녀라고 주장할 수 없다. 이것이 타락한 인류를 통해 원죄가 없는 하나님의 직계 혈통의 참부모 메시아가 출현하는 방법이다. 참부모 메시아는 타락인간이 스스로 성취할 수 있는 자리가 아니다.

2) 참부모 메시아와 타락인간의 원죄 청산

참부모 메시아는 타락인간을 하나님의 자녀로 다시 낳아 줌으로써 하나님의 자녀를 번식한다. 이것은 마치 타락하지 않은 아담과 해와가 자녀를 번식하는 것과 같은 방식이다. 타락인간이 참부모 메시아에 의해 다시 태어나는 것은 원죄를 청산하고 하나님의 자녀가 되는 것이다. 타락인간에게 구원의 핵심은 원죄의 청산이다. 원죄가 있다는 것은 사탄이 혈통적 인연으로 자신의 자녀라고 주장할 수 있는 조건을 갖고 있는 것을 말하며, 사탄의 혈통을 가진 사탄의 자녀임을 의미한다. 원죄를 청산한다는 것은 사탄이 혈통적 인연으로 자신의 자녀라고 주장할 수 있는 조건을 제거하는 것이다. 사탄의 혈통적 참소 조건 즉 원죄는 혈통적으로 유전되므로, 타락인간이 그것을 청산할 수 있는 길은 오직 하나님의 혈통을 가지고 탄생한 참부모 메시아에 의해 하나님의 혈통을 가진 자녀로 다시 태어나는 길밖에 없다. 타락인간은 스스로 원죄를 청산할 수 없다.27) 이미 탄생한 타락인간이 문자적으로 참부모의 복중으로 들어가 다시 태어날 수는 없다. 따라서 마치 복중복귀를 통해 사탄의 참소 조건을 제거하듯이, 타락인간은 참부모 메시아에 의해 다시 태어나는 상징적인 조건을 세움으로써 사탄의 참소 조건을 제거하고 하나님의 자녀가 될 수 있는 것이다.

3) 독생자 예수님과 독생녀

예수님은 하나님이 당신의 직계 혈통의 아들로 다시 창조한 본연의 남성인 독생자로 탄생하였다.28) 하나님의 직계 혈통을 가진 독생자로 탄생했다는 것은 메시아로 탄생한 것을 의미한다.29) 독생자 예수님은 하나님이 당신의 직계 혈통의 딸

27) "원죄를 제거하는 데는 혈통적 문제가 근본적인 문제로 되어 있습니다. 이것을 어떻게 뽑아내느냐 하는 문제, 이것은 타락한 인간 스스로는 도저히 해결할 수 없습니다. 그래서 인간에게는 메시아가 필요합니다." 『천성경』 2.3.2:4.

28) "하나님은 4천년 동안 구원역사를 통해 완성된 아담을 다시 창조하신 것과 마찬가지입니다." 『참부모경』 1.1.2:4.

29) "메시아라는 존재는 혈통적으로 탕감복귀한 터 위에 오지 않으면 안 됩니다. 다시 말하면 사탄의 혈통을 받고 태어난 인류 앞에 있어서 메시아는 혈통적인

로 다시 창조한 독생녀를 만나 인류의 참된 시조인 참아버지와 참어머니 즉 참부모가 되어 인류의 원죄를 청산해 주어야 했다. 최초에 하나님이 남자인 아담을 먼저 창조하고 여자인 해와를 나중에 창조하였듯이, 재창조섭리를 위해서도 하나님은 후아담인 예수님을 먼저 창조하고[30] 그 후에 후해와인 독생녀를 창조한다.

예수님이 원죄 없이 탄생하기 위한 조건을 세우기 위해서 리브가, 다말, 마리아를 중심삼고 모자 협조를 통해 장자권을 복귀하는 섭리가 있었다. 먼저 리브가의 협조 아래 차자 야곱이 장자 에서를 굴복시켜 성인으로서 장자권을 복귀했다. 그 기대를 이어받아 다말의 복중에 잉태된 차자와 장자가 뒤바뀌어 태어남으로써 복중에서 장자권을 복귀하는 섭리가 성공했다.[31] 그럼으로써 사탄이 혈통적 인연으로 자신의 자녀라고

면에서 사탄세계에서 태어나더라도 사탄이 참소할 수 없는 환경에서 태어나야 합니다. 사탄이 참소할 수 있는 환경에서 태어나면 창조원칙적인 입장에 맞지 않습니다. 본래 하나님이 아담 해와를 지을 때 사탄이 참소하는 자리에서 지은 것이 아니라 천사장의 후원을 받는 자리에서, 천사장이 머리 숙이는 자리에서 지었던 것처럼, 메시아인 예수님도 이 땅 위에 태어나기 위해서는, 메시아로 등장하기 위해서는 복중시대부터 사탄에게 참소받을 수 있는 내용을 지녀서는 안 되는 것입니다." 『천성경』 2.1.2:29.

30) "하나님이 인간을 창조할 때 아담을 먼저 지었듯이 재창조섭리인 복귀섭리도 타락과 무관한 아들을 먼저 세워야 하는 것입니다." 『평화경』1.8:119.

31) "다말의 태중에서 장자와 차자가 싸워 분립되는 태중복귀가 이루어진 것입니다." 『평화경』1.8:121. "쌍둥이 시대, 에서와 야곱을 통해서 장자권을 복귀하고, 다말의 복중에서 베레스와 세라의 역사에 없는 싸움을 통해 뒤바꿈으로써 혈통전환

주장할 수 있는 참소 조건이 없는 인간이 잉태될 수 있는 원리적 터전이 성립되었다.32) 이 원리적 터전 위에서 하나님은 마리아를 통해 예수님을 탄생시킨 것이다. 즉 하나님은 사탄의 참소조건을 갖지 않은 후아담을 다시 창조한 것이다. 사탄의 참소조건 없이 태어난 후아담 예수님은 역시 사탄의 참소조건 없이 태어난 후해와를 만나 인류의 참부모가 되어야 했다.

그러나 세례요한을 비롯한 중심인물과 준비된 유대교와 이스라엘 민족이 예수님을 불신함으로 말미암아 예수님은 후해와를 만나지 못하고 참부모가 되시 못한 체 십자가에서 돌아가셨다. 예수님은 참부모가 되지 못하고 영계에 갔기 때문에 영계에서 성신과 함께 영적으로 참부모의 형을 갖추어, 예수님을 믿는 인간들을 장성기 완성급까지 성장하도록 구원할 수 있다. 따라서 타락인간이 예수님을 믿어도 원죄를 벗고 하나님의 직계 혈통의 자녀가 될 수는 없다. 예수님을 믿는 인간은 하나님

을 했습니다." 『참부모경』 1.1.2:23. "… 또 출생에 이르는 과정도 복중의 승리의 터전을 가진 마리아의 복중에서 태어난 예수님이었기 때문에 예수님 앞에는 사탄의 아무런 참소조건도 있을 수 없다는 것입니다." 『참부모경』 1.1.2:20.

32) "인류역사상 국가적 차원에서 만왕의 왕권을 가지고 오는 예수님은 혈통을 전환하여 승리적 전통을 이어받아서 왔습니다. 그렇기 때문에 마리아 복중에 임신하더라도 사탄이 '그는 내 아들이다.'라고 말을 못하게 되어 있습니다. (중략) 여성들이 가야 할 길 앞에 결실의 자리에 서서 혈통전환, 즉 장자복귀 완성기준의 심정권 위에서 잉태한 것이기 때문에 복중에 있을 때부터 사탄이 내 아들이라고 주장하지 못하는 것입니다." 『참부모경』 1.1.2:22.

앞에 직계 혈통의 자녀가 아닌 혈통이 다른 양자와 같다.

모든 인간을 하나님의 직계 혈통의 인간으로 거듭나게 하려면 하나님은 이 땅에 또다시 참부모 메시아를 보내야 했다. 이것이 재림메시아 사상의 본질이며, 재림메시아는 또다시 오는 참부모 메시아이다.

4. 참부모님의 위상

1) 참부모님의 탄생

예수님이 십자가에서 돌아가신 후 약 2000년 동안 복귀섭리연장시대를 실체적 동시성시대로 탕감복귀한 후, 하나님은 당신의 직계 혈통의 아들딸 독생자 독생녀를 또다시 창조하였다. 또다시 창조된 독생자 독생녀가 바로 재림메시아인 참부모님 양위분이다. 예수님은 모자협조를 통한 복중에서 장자권 복귀의 섭리 즉 혈통복귀(근본복귀)의 터전 위에서 하나님의 직계 혈통의 독생자로 탄생하였다. 그렇다면 참부모님 양위분은 어떻게 하나님의 직계 혈통의 자녀로 원죄 없이 탄생할 수 있었을까? 참부모님 양위분도 예수님이 탄생했던 그 혈통복귀의 터전 위에서 사탄의 참소조건 없는 하나님의 직계 아들딸로 탄생했다.

「구원섭리사의 원리관」 말씀에 의하면, 재림메시아는 예수님 때까지 성취된 혈통복귀의 터전 위에서 임재 한다.[33] 다시 말해 예수님을 독생자로 탄생시켰던 복중복귀의 터전은 사탄의 침범을 받지 않고 남아 있었기 때문에, 하나님은 창조주로서의 권위를 가지고 그 터전 위에서 원리적인 기준과 외적인 조건이 갖추어지면, 사탄의 참소를 받지 않는 하나님의 직계 혈통의 아들딸을 창조할 수 있는 것이다. 그 결과 참부모님은 하나님의 직계 혈통의 아들딸로 잉태되고 탄생할 수 있었던 것이다.

복중복귀의 터전은 하나님 직계혈통의 아들과 딸이 모두 탄생하는 기반으로 이해될 수 있다.[34] 복중복귀의 구체적인 내

---

33) "재림주는 예수님이 못다 한 하나님의 복귀섭리의 근본을 완성하러 오십니다. 즉 창조이상을 완성할 참된 본연의 아기 씨로 와서 하나님의 참사랑·참생명·참혈통의 근원이 되는 참부모이상을 완성하러 오십니다. 그는 이미 예수 때까지 하나님 편이 승리한 근본섭리의 터전 위에 임재하십니다. 즉 예수님이 장성하실 때까지의 승리적인 기반 위에 바로 서시어서 그가 못다 하신 신부를 찾아 참부모가 되시어 만민을 구해 주시는 것입니다." 『평화경』 1.8:126.

34) "그렇게 맏아들인 세라가 먼저 나오려고 했는데 베레스가 밀쳐 버리고 먼저 나왔다구요. (중략) 그럼으로 말미암아 복중에서부터 모든 것을 청산했기 때문에 그때부터 그 전통적인 사상을 이어받은 이스라엘 여인들의 복중을 통해 태어나는 아기는 사탄이 참소할 수 없다는 결정적인 기반을 닦았다구요. 그래서 유다 지파를 통해서 전통을 이어받아 가지고 나오는 아들딸은 복중에서부터 사탄이 참소할 아무런 조건이 없게 된 것입니다. 그래서 유다 지파를 통해서

용을 보면 이러한 추론이 가능해진다. 복중복귀는 장자권 복귀의 형태로 이루어진다. 하나님은 복귀섭리를 위해 아담 해와의 장자인 가인을 사탄편에 세우고, 차자인 아벨을 하늘편에 세웠다. 장자권 복귀란 사탄에게 빼앗긴 장자권을 하나님이 되찾아 오는 것으로서, 아벨형 인물이 가인형 인물을 주관하는 것이다. 복중에서 장자권을 복귀하는 것은 바로 타락의 지점에서부터 다시 창조본연의 질서가 회복되었다는 입장에 서게 되어, 사탄의 사랑과 혈통이 제거되었다는 조건이 성립된다.35) 그것은 곧 잘못된 혈통을 원래대로 복귀한다는 조건이다.36) 하나님은 그 터 위에서 사탄의 참소 조건 없는 인간

메시아가 올 수 있다는 역사적인 사실을 우리는 밝힐 수 있는 것입니다. 이제 알았지요? 「예.」 그러니까 유다 지파에 메시아가 나오더라도, 하나님의 아들딸이 나오더라도 사탄이 참소할 수 없다는 거예요. 여기서 하나님의 혈통을 통한 아이가 나올 수 있는 전통적 기반이 닦아졌다 하는 논리가 이론적으로 성립되는 것입니다." 『문선명선생말씀선집』 89:214.

35) "본래의 명령계통은 하나님으로부터 시작하여 아담, 그리고 아담으로부터 천사장에게 이르는 것이 순서였으므로, 이 경우에는 하나님으로부터 아벨에게로, 아벨로부터 가인에게로 이르는 순서로 되지 않으면 안 됩니다. 이것이 복귀의 위치요, 관계입니다. 거기서 하나님은 먼저 이 공식을 복귀함으로써 잃어버린 원리를 되찾아 가는 것입니다. 타락행위에 의해 인류의 혈통은 교차되었습니다. 바꾸어 말하면 사탄의 피가 인류의 혈통을 점령하고 있는 것입니다. 그런 까닭에 이러한 복귀는 근원까지 거슬러 올라가서 이루어져야 하며, 그 때문에 차남 아벨이 장남의 장자권을 복귀하지 않으면 안 되었던 것입니다." 『문선명선생말씀선집』 55:110.

36) "이렇게 야곱과 그 아들들 2대를 중심삼고 복중복귀 역사를 해서 하늘 편 아들이 먼저 장자로 태어났기 때문에, 그 다음에 태어난 동생은 그 형에게 절대 복종하게 되어 있는 것입니다. 그래서 자동적으로 복종하고 자동적으로 순종할

시조를 다시 창조할 수 있게 되는 것이다. 가인 아벨을 중심한 하나님의 복귀섭리가 전 인류에게 적용되듯이, 장자권 복귀의 형태로 이루어진 복중복귀도 하나님의 아들과 딸을 모두 창조할 수 있는 조건이 될 수 있을 것이다.[37]

그렇다면, 하나님이 최초 인간을 창조할 때 자신의 이성성상의 실체대상으로 아담과 해와를 독생자 독생녀로 창조했듯이,[38] 2000년 전 예수님 때에도 하나님은 복중복귀의 터전 위에서 원죄 없는 후아담과 후해와를 독생자 독생녀로 다시 창조하였고,[39] 재림메시아 때에도 하나님은 그 복중복귀의

수 있는 터전이 닦여졌으므로, 거기서 하나님의 섭리는 비로소 이 땅에 발판을 갖게 된 것입니다. 이것이 무엇이냐 하면 핏줄, 즉 혈통을 바꿔치는 역사인 것입니다." 『문선명선생말씀선집』 22:255

37) 2015년 3월 11일, 참부모경 편찬위원, 영상, 홍보언론팀 천정궁 오찬모임에서 참어머님은 다음과 같이 말씀하셨다. "여러분들이 성경을 통해서 이스라엘 민족의 역사를 보아서도 알겠지만 중심인물, 예수 그리스도를 탄생하기 까지 얼마나 힘들었나? 독생자 예수 그리스도. 그렇다면 창조가 그렇지 않은데 독생자만 탄생 시키셨겠나? 독생녀의 자리가 있었다는 얘기! (중략) 독생녀는 2천년 전 독생자가 탄생한 그 자리에 있었기 때문에 사탄과는 관계없는 자리에서 출생했다." 이 말씀은 복중복귀가 독생자와 독생녀 모두의 탄생의 터전이 된다는 의미로 해석될 수 있다.

38) "하나님의 손으로 친히 지으신 독생자 독생녀가 아담과 해와입니다." 『문선명선생말씀선집』 231:12. "하나님이 아담과 해와를 잃어버렸습니다. (중략) 아담과 해와를 잃어버렸다는 것은 (중략) 하늘나라의 남자 여자, 독생자 독생녀까지 잃어버렸던 것입니다." 『문선명선생말씀선집』 143:25.

39) "하나님이 아담 해와를 창조했듯이 독생자가 있으면 독생녀도 있어야 합니다." 『참부모경』 1.1.2:8. "마리아의 복중에서 태어난 예수님은 사탄세계의 혈통을 전환했습니다. 혈통을 전환한 자리에서 왔기 때문에 예수님의 상대 될 수 있는 신부도 혈통전환 역사의 과정을 거쳐야 됩니다." 『참부모경』 1.1.2:23.

터전 위에서 제3차 아담과 제3차 해와를 독생자 독생녀로 또 다시 창조하였다. 단 독생자를 먼저 창조하고 그 다음 독생녀를 창조한다.40) 참아버님이 복중복귀의 터전 위에서 원죄 없이 탄생한 것처럼, 참어머님도 그 터전 위에서 원죄 없이 탄생했다고 볼 수 있다.41) 동일한 복중복귀의 터전 위에서 탄생한 독생자 독생녀는 마치 쌍태와 같다.42)

참부모님은 하나님의 제3차 아담과 독생자와 제3차 해와 독생녀로 창조되었다. 독생자는 하나님의 혈통을 가진 첫 아들로서 인류의 참아버지가 될 남성이며, 독생녀는 하나님의 혈통을 가진 첫 딸로서 인류의 참어머니가 될 여성이다.

---

40) "하나님은 독생자를 먼저 보내셨습니다. 그래서 지금까지 역사는 남자가 엮어 나온 것입니다. 독생자가 왔으면 그다음에는 독생녀가 와야 합니다." 『참부모경』 1.1.2:6.

41) "신랑 되신 주님이 이 땅 위에서 찾으시는 신부는 타락권내에서 찾는 신부가 아닙니다. 타락하지 않은 순수한 혈통을 지니고 탄생한 분을 찾는 것입니다." 『문선명선생말씀선집』 35:218. "통일교회에서는 참아버지 참어머니라고 하는데 외모를 보면 여러분과 다른 것이 없습니다. 그렇지만 뿌리가 다릅니다. 여러분은 사탄세계의 타락한 부모를 통한 타락의 뿌리를 타고 나왔지만 참부모는 뿌리가 다르다는 것입니다. 하나님을 뿌리로 해서 비로소 역사상에 참다운 사랑을 중심한 통일논리를 가지고 나타난 주인공이라는 것입니다." 『참부모경』 1.1.2:24.

42) 참부모님 말씀에 의하면 아담과 해와는 쌍둥이와 같은 입장이다. "아담과 해와는 하나님의 이성성상 그대로 나왔으니, 한 보자기에서 나온 것과 같습니다. 쌍태로 태어난 오누이, 쌍둥이와 같다는 것입니다." 『문선명선생말씀선집』 238:248. 아담과 해와가 쌍둥이와 같은 입장으로 창조되었다는 것은 재창조섭리를 위한 제3차 아담과 제3차 해와인 참부모님 양위분도 쌍둥이와 같은 입장으로 재창조되었음을 의미한다. 이것은 양위분이 동일한 기반 위에서 탄생했음을 함의할 수 있다. 쌍둥이는 같은 조건 하에서 태어나기 때문이다.

2) 참부모님의 성혼

하나님이 제3차의 독생자 독생녀로 창조한 참아버님과 참어머님은 1960년 4월 11일(음력 3월 16일)에 성혼함으로써 성경에 예언된 어린양 잔치를 성취했다. 인류 역사상 처음으로 인류의 참부모와 참시조가 현현한 것이다. 그런데 독생자 참아버님은 아담과 예수님의 입장을 탕감복귀 해야 했던 것처럼, 성혼 후 독생녀 참어머님은 해와와 성신의 입장을 탕감복귀 해야 했다. 이것이 성혼 후 참아버님과 동위권을 갖고 일체될 때까지 참어머님이 걸은 탕감복귀의 노정이었다. 제3차 아담으로 탄생한 참아버님은 제1아담과 제2아담 예수님의 입장을 탕감복귀 할 수 있는 자격이 있으며, 제3차 해와로 탄생한 참어머님은 제1해와와 제2해와와 같은 성신의 입장을 탕감복귀 할 자격이 있다. 아담과 해와의 입장을 탕감복귀 할 자격을 가진 인간은 오직 제3차 아담과 제3차 해와로 탄생한 분밖에 없다. 참부모님 양위분이 성혼하기까지의 모든 내용은 복귀섭리의 과정이었다.

참어머님은 성혼 후 해와 입장에서 아담 입장에 있는 참아버님에게 절대 복종하며 성장하는 기준을 세우고,[43] 나아가

43) "이 7년 기간은 해와가 아담을 주관하던 것을 번복해서 완전히 아담 권한을 세

참아버님을 독생자 재림메시아로 증거 하였으며, 이 모든 탕감복귀의 노정을 승리하여 참아버님과 일체를 이루었다. 성혼 후 처음에는 참어머님이 참아버님에게 경배하였으나, 2003년 3월 16일 안시일부터 경배하지 않는 것은 이것을 잘 보여준다. 참어머님은 탕감복귀의 노정 속에서 위상 변화의 과정을 거쳐 최종적으로 참아버님과 일체 되고 나아가 하나님과 일체를 이루었다. 그럼으로써 하나님과 참부모님이 신인애일체를 이룬 천지인참부모님이 되었다. 이러한 점진적 의미를 가진 표현들이 의미하는 것은 참어머님은 점차 아담 앞에서 해와 본연의 위상을 탕감복귀 하여 참아버님과 일체되고 최종적으로 하나님과 일체 되어 양위분이 아담과 해와의 창조본연의 관계를 이루었다는 것이다.44)

성혼 후 참어머님의 노정은 참부모님 양위분 사이에 위상과 가치의 차이가 있음을 의미하지 않는다. 그것은 참어머님의

워 해와를 다시 교육할 때입니다. 다시 말하면 해와를 교육해서 자기 기준 앞에 무슨 일이든지 절대복종하고 순응할 수 있는, 자기 생명을 희생하더라도 순응할 수 있는 기준을 세워 나오지 않으면 안 될 기간이 이 제1차7년노정 기간입니다." 『참부모경』 1.2.3:8.

44) "처음에 아담을 통해서 해와를 창조했습니다. 해와가 아담을 통해서 창조된 것입니다. 그래서 참아버지가 참어머니를 창조하는 것입니다. 재창조입니다. 참아버지와 참어머니는 개인·가정·종족·민족·국가·세계·천주·하나님의 8단계를 다 넘고 난 다음에 하나님의 아들딸로서 나란히 서게 되었습니다. 똑같은 차원의 자리에 서게 되었다는 것입니다." 『천성경』 2.4.1:20.

탕감복귀 노정이었으며, 동시에 성장 기간이었다. 하나님의 창조이상 안에서 하나님을 중심하고 남녀는 가치적으로 평등하다.[45] 하나님의 양성 음성의 실체대상으로 전개된 부부는 주종의 관계가 아니라 상호 조화로운 통일의 관계이다. 주체와 대상이라는 어휘는 종적인 상대성을 의미하기도 하지만, 횡적인 상대성을 의미하기도 한다. 즉 주체와 대상은 서로 상대성에 기초해 조화를 이루는 것들을 포함하는 범주이되, 상대성은 종적인 상대성과 횡적인 상대성이 있다. 주체와 대상의 관계에는 종적인 주체와 대상의 관계와, 횡적인 주체와 대상의 관계가 있다.[46] 모든 주체와 대상의 관계를 종적인 관계로만 이해하는 것은 천주 속에 존재하는 횡적 질서와 조화를 설명하지 못하는 문제를 일으킨다. 주체와 대상은 종적 조화와 더불어 횡적 조화도 포함해야 한다. 하나님을 중심한 남녀 부부의 관계는 횡적 조화로서의 주체와 대상이다. 따라서 참부모님의 경우에도 탕감복귀의 과정에서는 참아버님과 참어

45) "가치적으로 보아 남녀는 절대 평등한 존재입니다. (중략) 이렇게 하나님의 참사랑이상 아래 하나된 남성과 여성은 동위·동참권뿐만 아니라 서로의 것을 자기 것으로 공유함으로써 참사랑을 중심삼고 가치적으로 완전히 평등한 존재가 되도록 창조되었습니다." 『평화경』 6.13:1001.

46) "우주 가운데서 영원·불변·절대의 원리는 원인과 결과, 주체와 대상의 관계입니다. 이것을 인간사회에 적용한다면 부자관계와 부부관계가 그 핵심입니다. 하나는 종적인 주체와 대상의 관계입니다. 또 하나는 횡적인 주체와 대상의 관계입니다." 『천성경』 8.3.5:9.

머님의 관계가 종적인 관계처럼 보일 수 있지만, 탕감복귀의 과정이 성공적으로 종료되면 참부모님 양위분은 종적인 관계가 아니라 창조본연의 횡적인 조화와 통일의 관계를 회복하여 일체를 이루고 완성하는 것이다.47)

탄생의 순서도 양위분의 위상이 다름을 함의하지 않는다. 하나님은 최초의 인간 창조에서 아담을 먼저 창조했으므로, 재창조 섭리를 위해 메시아로서 예수님을 먼저 창조하였고, 재림메시아의 경우에도 참아버님을 먼저 창조하였다. 그리고 그 다음 참어머님을 창조하였다. 이러한 탄생의 순서는 양위분의 위상과 가치의 차이를 함의하는 것이 아니다. 아담을 해와보다 먼저 창조했다는 원리적 사실이 아담이 해와보다 위상이 높음을 의미하지 않는다. 하나님이 남자 아담을 창조할 때에 이미 하나님 안에는 여자 해와가 선유조건(先有條件)으로 갖추어져 있었다.48) 해와의 성품과 모습을 전제로 그런 해와와 조화되도록

47) 다음 말씀도 양과 음이 나란히 가는 것 곧 남녀평등이 창조이상임을 함의한다. "지금까지의 선천시대는 양의 시대, 남성들이 많이 주도해 왔습니다. 지금은 음의 후천시대, 즉 여성의 시대가 출발하는 때입니다. 하나님이 천지를 음양, 플러스와 마이너스로 창조하셨습니다. 그런데 지금까지는 한편으로 치우쳤다는 것입니다. 인간시조가 타락함으로써 음과 양이 나란히 갈 수 없었습니다. 그래서 양의 시대가 세계를 주도했습니다. 그런데 이제는 음의 시대가 드러나는 때입니다. 여성들이 앞장서야 되는 때가 됐습니다." 『참부모경』 13.4.2:23.

48) "남자라는 말은 여자를 선유조건으로 하고 하는 말이에요. 여자에게 맞게 남자를 지었나, 남자에게 맞게 여자를 지었나? 선유조건이 남자가 먼저 태어나기 전에 여자에 맞게끔 본떠서 만들었기 때문에 창조는 여자부터 시작했다는 것

아담의 성품과 모습을 창조했다. 선유조건이라는 관점에서 보면 창조는 오히려 여자부터 시작했다고도 말할 수 있다.49) 따라서 창조의 순서는 위상과 가치의 차이를 내포하지 않는다. 하나님 안에서 양성과 음성은 위상과 가치의 차이를 갖지 않는다. 따라서 하나님의 양성과 음성의 실체대상으로 창조된 아담과 해와는 하나님 앞에서 동등한 위상과 가치를 갖는다.

성혼식 이후 참부모님 양위분은 모든 섭리적인 일들을 함께 이루어 왔다. 어떤 섭리적 사건도 참아버님 또는 참어머님 혼자서는 행할 수 없다. 참부모 메시아의 사명은 참부모로서 함께 할 때만 완수할 수 있다. 하나 된 참부모님 양위분은 항상 함께 참부모의 사명을 완수해 온 것이다. 양위분이 행한 세부적인 일들이 서로 다를 수 있지만, 그것들은 모두 양위분이 하나 되어서 함께 이루어 온 의미를 갖는다. 오늘의 천일국 시대에 이르기까지 성혼 후 모든 섭리는 참아버님과 참어머님이 함께 완성해 온 것이다.50)

을 알아야 돼요." 『문선명선생말씀선집』 458:109.

49) "남자가 생겨난 것은 여자를 선유조건으로, 여자를 먼저 모델로 하고 남자가 생겨났기 때문에 생겨난 자체를 두고 보면 남자는 첫째로 태어난 것이 아니고, 둘째 번이다!" 『문선명선생말씀선집』 457:221.

50) "1960년 음력 3월 16일, 우리 부부는 성혼식을 통해 하늘로부터 인침을 받고 인류의 참부모·참스승·참왕의 험난한 복귀섭리 노정을 출발했던 것입니다. 그로부터 50년, 하나님을 완전 해방·석방시켜 드리고 만왕의 왕으로 모시기까지 우리 부부가 걸어온 탕감복귀섭리의 노정들을 어찌 다 필설로 설명할 수 있겠습니

3) 인류의 참시조 참부모님

천일국 시대에 참부모님은 참부모 이상을 완성한 전 인류의 참부모이며 참된 인간시조이다. 참부모님 양위분은 하나님의 직계 혈통의 독생자 독생녀로 탄생하여 어린양 잔치를 통해 참부모가 되었다. 드디어 하나님과 인류가 기다려온 하나님의 참부모 이상이 실체적으로 출발한 것이다. 이후 참부모님은 하나님과 일체되어 지상과 영계에 있는 사탄의 혈통을 가진 타락인간을 하나님의 직계 혈통을 가진 자녀로 다시 낳아 줌으로써 하나님의 자녀들을 번식한다. 그럼으로써 참부모님은 과거·현재·미래 전 인류의 참부모이며 참시조가 된다. 이것은 마치 타락하지 않은 아담과 해와가 하나님의 자녀들을 번식하여 인류의 참부모이며 참시조가 되는 것과 같다.

타락인간이 하나님 혈통의 인간으로 다시 태어난다는 것은 곧 원죄를 청산하는 것이다. 참부모님이 주재하는 축복결혼식은 하나님과 참부모님이 타락인간을 하나님 혈통의 자녀로 다

까?" 『천성경』 13.3.3:19. "하늘도 간섭할 수 없는 탕감복귀의 섭리노정에서 참아버님과 내가 겪은 고통은 상상을 초월합니다. 우리는 참가정의 자녀 넷을 섭리의 제물로 바치기까지 했습니다. 그 험난한 탕감복귀의 노정을 누가 감히 헤아릴 수 있다는 말입니까? 나는 한평생을 바쳐 참아버님의 반려자로서 동고동락하며 만난을 헤쳐 나왔습니다. 그 승리적 터전 위에 참아버님과 나는 하늘이 주신 섭리적 차원의 동등권·동거권·동위권을 갖게 된 것입니다." 『천성경』 12.4.3:5.

시 낳아주는 공식적인 거룩한 구원의식이다.[51] 타락인간은 축복결혼식에 참여함으로써 참부모님의 복중에 들어가 하나님의 혈통의 자녀로 다시 태어나는 조건을 세울 수 있다.[52]

원죄청산은 인간의 육신에 고착된 문제가 아니다. 육신이 없는 영인들도 원죄를 가지고 있다. 지상에서 참부모님의 축복결혼식에 참여하지 못하여 원죄를 청산하지 못한 채 영계로 간 영인들은 여전히 원죄를 가지고 있다. 그들은 사탄이 참소할 수 있는 조건을 가진 영인들이며, 이것은 그들이 사탄의 자녀 상태임을 의미한다. 따라서 영계에 있는 원죄를 가진 영인들도 참부모님이 주재하시는 축복결혼식에 참여하여 거듭나는 조건을 세움으로써 원죄를 청산하고 하나님의 자녀가 되어야 한다.[53] 참부모님이 주재하는 축복결혼의식은 지상과 영계의 타락인간들 모두를 중생시키는 구원의식이다. 참부모님은 1995년 36만가정 축복결혼식 전날부터 원죄를 가진 영인들도 축복결혼식을 통해 원죄를 청산하도록 허락하였다. 이후

---

51) "타락한 인간은 누구든지 이 공식적인 조건을 거쳐 나가지 않고는 하나님 앞에 설 수 없는 것입니다." 『천성경』 5.2.3:4.

52) 축복결혼의식의 순서와 의미에 대해서는 다음을 참조. 주재완, 『통일교 사상 연구 II』, 제6장 「축복결혼의 의미와 순서」.

53) 영인의 원죄 청산에 대한 보다 체계적 설명은 다음을 참조하시오. 주재완, 『통일교 사상 연구 II』, 제6장 「축복결혼의 의미와 순서」, 제7장 「영적 구원과 육적 구원의 의미」.

수차례 영인들의 축복결혼식을 진행하였으며, 1997년 4000만가정 축복결혼식 이후 12월 1일 '영계 축복 개문 선포식'을 하였고,[54] 1998년 10월 5일 자르딘 제6선언을 통해 '총영계 영인 해방식'을 선포하였다.[55] 현재까지는 영인들이 축복결혼식에 참여하려면 지상에 축복가정 후손이 있어야 한다. 축복가정 후손은 조상해원과 조상축복식을 통해 영계에 있는 조상들이 축복결혼식에 참여하도록 만들어 줄 수 있다.

지상과 영계에 있는 타락인간의 원죄를 청산해주는 축복결혼식은 오직 하나님과 일체된 재림메시아 참부모님에 의해서만 가능하다. 하나님과 참된 인간시조가 삼위일체를 이루어 타락인간을 하나님 혈통의 자녀로 다시 낳아주는 의식이 축복결혼식이기 때문이다. 중생하는 의식으로서의 축복결혼식은 하나님과 참부모님과 사탄 사이에 세워진 원리적 기준에 의해 효과가 발생한다. 원리적으로 오직 하나님이 인류의 참시조로 보낸 참부모님만이 중생의 재창조 의식을 주재할 수 있다. 하나님과 참부모님에 의해 다시 태어나는 조건을 세워야 사탄은 더 이상 혈통적인 참소를 할 수 없고, 이것이 원죄를 청산하고

54) 『참부모경』, 361 지문.
55) "이제는 그 영인들이 축복을 받고 축복받은 천사장의 입장에서 축복받은 지상의 후손, 아담 자리에 있는 후손에게 내려와서 협조할 수 있는 시대가 왔다는 것입니다." 『참부모경』 10.3.2:20.

하나님 혈통의 자녀가 되는 것이다.

축복결혼식을 참부모님이 직접 주관하지 않고 참부모님으로부터 공식적으로 허락받은 대신자가 집례를 하는 경우에도 그것의 원리적인 의미는 참부모님에 의해 다시 태어나고 참부모님에게 접붙이는 것이다. 그러나 참부모님으로부터 공인받지 않은 결혼식은 원리적으로 참부모님에 의한 중생의 조건을 세우지 못하며 따라서 원죄를 청산할 수 없다. 그런 사람은 여전히 사탄의 혈통적인 참소를 받으며, 사탄의 혈통을 벗어나지 못한다. 원죄를 청산하지 못하고, 하나님 혈통의 자녀가 될 수 없다.

참부모님 양위분이 모두 성화하여 영계에 거하여도 공인받은 대리자를 통한 지상의 축복결혼식은 참부모님이 주재하고 참부모님에 의해 다시 태어나는 의미를 갖는다. 그리고 참부모님 양위분 중 어느 한 분은 영계에 다른 분은 지상에 거해도 축복결혼식은 항상 천주적으로 양위분이 함께 주재하는 것이다. 현재 참아버님은 영계에 거하고 참어머님은 지상에 거하여도 축복결혼식은 참부모님 양위분이 항상 함께 주재하는 것이다. 축복결혼식은 하나님과 일체된 참된 아버지와 어머니를 통해 잉태되고 다시 태어나는 조건을 세우는 의식이기 때문이다.

축복결혼식의 또 다른 의미는 하나님과 참부모님이 주례가 되어 천주적으로 공인하는 결혼식을 올리는 것이다. 축복결혼식에 참여한 신랑신부는 비로소 하나님과 참부모님이 공인하는 부부가 될 수 있다. 원죄를 청산하는 것은 복귀원리적인 의미이며, 하나님과 참부모님으로부터 공인받는 결혼식을 올리는 것은 창조원리적인 의미이다. 원죄 없이 태어난 축복가정 2세 3세들에게 축복결혼식은 창조원리적인 의미만을 갖는다. 참부모님으로부터 허락받지 않은 결혼식은 하나님과 참부모님이 주례를 서지 않는 것이며, 따라서 공인된 결혼식이 될 수 없다. 타락인간의 경우에는 원죄도 청산 되지 않으며, 하나님과 참부모님으로부터 공인받은 부부도 될 수도 없다. 축복가정 2세 3세의 경우 하나님과 참부모님이 공인하지 않은 결혼을 하면 사탄이 참소할 수 있는 조건이 성립됨으로써 2세 3세의 자격을 상실한다. 이들이 다시 원리적 자격을 회복하려면 탕감복귀의 조건을 세워야 한다. 하나님과 참부모님으로부터 공인 받지 않은 부부는 원리적 관점에서 부부가 아니기 때문에, 영계에 가면 헤어지게 된다.56)

---

56) 『천성경』 7.3.4:10. "지상에서 축복받은 부부는 영원의 세계인 영계에 가서도 함께하는 것입니다. 이 세상의 부부, 아들딸은 아무리 많아도 영계에 가서는 흩어져서 갈라집니다."

4) 천주평화의 왕, 만왕의 왕 참부모님

천일국 시대에 참부모님은 하나님과 일체를 이룬 천주평화의 왕, 만왕의 왕으로서 천일국과 나아가 온 천주를 사랑과 진리로 통치한다. 창조주 하나님은 궁극적으로 지상과 영계의 전 피조세계를 창조하고 주관하는 분으로서 왕으로 표상될 수 있다. 하나님은 피조세계에 대하여 참부모·참스승·참왕의 3대 주체이다. 하나님의 창조이상은 무형의 하나님이 인류의 참부모와 신인애일체를 이루어 유형의 참부모를 통해 참부모와 함께 유형의 피조세계를 실체적으로 통치하는 것이다. 그 통치는 하나님의 통치이면서 동시에 참부모의 통치이다.[57]

최초의 인간 아담과 해와는 하나님과 일체되어 하나님과 함께 천주를 주관하는 왕이 되어야 했다. 아담 해와는 먼저 개인적 왕, 가정적 왕, 종족적 왕, 민족적 왕, 국가적 왕, 세계적 왕, 나아가 천주적인 왕이 되어야 했다.[58] 이것을 탕감복귀 해야

---

57) "아담 해와가 하나님의 몸을 갖추면 하나님은 그들의 마음속에 거하시면서 유형세계인 지상세계와 무형세계인 영계를 통치하게 되었을 것입니다. 이것은 하나님의 통치이자 아담 해와의 통치이기도 합니다. 그와 함께 이 땅위에 하나님의 왕국, 즉 평화왕국을 만들어 갔을 것입니다. 아담은 지상천국의 왕이자 천상천국의 왕이 되었을 것입니다. 하나님의 속성을 그대로 이어받아 아담은 모든 피조물 위에 절대적 존재요 유일한 존재이며 영원하고 불변한 참사랑의 실체 부모, 실체 왕, 실체 주인, 실체 스승이 되었을 것입니다. 오늘 인류는 모두 하나님의 몸을 쓰고 사는 분신체가 되어 있을 것입니다." 『평화경』 10.9:1558.

할 메시아는 인류를 거듭 낳아줄 참부모요 참조상이면서 동시에 천주를 주관해야 할 왕으로 온다. 메시아라는 히브리어의 문자적 의미 자체가 '기름 부음을 받은 사람'으로서 '왕'을 의미한다. 따라서 재림메시아 참부모님은 만왕의 왕 하나님의 몸·실체로서 피조세계에 보이는 하나님으로 현현하여 만왕의 왕으로서 피조세계를 주관한다.

원래 처음 창조된 인간시조 아담과 해와가 완성하여 그러한 위상을 갖추어야 했는데 타락으로 이루지 못하였고, 메시아 예수님도 유대인의 불신으로 온전하게 이루지 못하였으며, 비로소 재림메시아 참부모님이 하나님과 일체 되어 인류의 참부모이면서 동시에 천주평화의 왕, 만왕의 왕으로 등극함으로써 그 위상을 완성하였다.59) 재림메시아는 천주평화의 왕, 만왕의

---

58) "본래 아담이 완성하면 천국의 아버지가 완성되고, 해와가 완성하면 천국의 어머니가 완성되고, 그래서 가정의 주인이 되면 가정적 천국의 왕권이 생겨납니다. 그러므로 아담과 해와는 개인적 왕이고, 가정적 왕이고, 종족적 왕이고, 민족적 왕이고, 국가적 왕이고, 세계적 왕이 됩니다. 이러한 국가 기준을 넘어설 수 있는 때에 왔기 때문에 사탄세계의 왕권을 밟고 하늘세계의 왕권을 설정할 수 있는 것입니다." 『천성경』 2.3.3:28. "참부모는 가정의 왕입니다. 가정은 여러 다른 가정들과 어울려서 자동적으로 종족이 됩니다. 그러면 종족의 왕이 나옵니다. 또 종족은 여러 다른 종족들과 합해져서 민족이 되어 민족의 왕이 나오는 것입니다. 국가·세계·천주도 모두 마찬가지입니다. 이렇게 왕들이 연결되어 하나님까지 이어지는 것입니다. 그러니까 하나님은 만왕의 왕이 되는 것입니다." 『천성경』 2.3.3:32.

59) "하나님께서는 창조섭리 이전부터 만왕의 왕이셨습니다. 그러나 피조만물을 창조하신 이후에는 실체를 쓰시고 사랑의 대상권인 이 현상세계를 치리하는 실체 만왕의 왕으로 현현하셔야 할 천도가 남아 있었던 것입니다. 그래서 하

왕으로 현현하여 아담과 해와의 타락으로 인해 이루어진 사탄세계를 탕감복귀 하여 지상천국을 건설해야 할 사명이 있다.

참부모님은 다음과 같은 섭리적 과정을 거쳐 하나님과 일체를 이루어 천일국의 천주평화의 왕으로 등극하였다. 먼저 참부모님은 2001년 1월 13일 '하나님 왕권 즉위식'을 통해 아담과 해와의 타락으로 말미암아 상실되었던 하나님의 왕권을 되찾아 봉헌해 드렸다. 하나님 왕권 즉위식을 통해 하나님의 왕권 즉 하나님의 주권이 출발되었다. 그런데 하나님이 왕권을 가지고 유형의 피조세계를 주관하기 위해서는 피조세계에서 왕의 위상을 갖춘 완성한 인간 부부가 필요하다. 궁극적인 만왕의 왕인 무형의 하나님은 유형의 실체인 평화의 왕 참부모님을 통해서 피조세계에 왕권을 행사한다.

이를 위해 하나님 왕권 즉위식 이후 천지인참부모님은 2003년 2월 6일 제1차식인 '천지부모님 천일국개문 축복성혼식'과 제2차식인 '천주·천지부모 평화통일 축복가정왕즉위식'을 통해 축복가정왕이 되었다. 그 다음2004년 3월 23일 미국에서 '제3 이스라엘 평화의 왕 대관식'을 거행하고, 다시 하나님의 조국 한국에서 8월 20일에 '제4 이스라엘 평화의 왕 대

나님은 참사랑을 중심삼고 당신의 대신자요 상속자 되는 지상 실체세계의 참부모를 찾아 나오신 것입니다." 『천성경』 13.2.2:23.

관식'을 거행하였다.[60] 이후 이것을 횡적으로 확장하기 위해 종족적, 국가적, 세계적, 천주적 기준의 평화의 왕 대관식을 거행하였다. 이러한 과정을 거쳐 2006년 6월 13일 천정궁 입궁·대관식에서 하나님과 참부모님이 일체로서 함께 '천주평화의 왕 대관식'을 거행하였다.[61] 그리고 최종적으로 2009년 1월 15일에 '만왕의 왕 하나님 해방권 대관식'을 통해 일체를 이룬 하나님과 참부모님이 완전히 해방되어 함께 본연의 창조주 하나님의 왕권을 행사할 수 있는 만왕의 왕이 되었음을 선포하였다.[62] 이러한 과정을 거쳐 참부모님은 보이는 하나님

60) "영계의 총사령관으로 있는 흥진군이 예수님을 이스라엘 나라의 만왕의 왕으로 모시는 대관식을 하고, 그다음에 영육 실체 상속권이 없기 때문에 미국에 와서 제2 이스라엘권을 중심삼고 부모님을 모시는 대관식을 거행한 것입니다. 그 다음에 워싱턴 국회의사당에서 실체 평화의 왕 대관식을 3월 23일 거행했습니다. 그리고 실체 평화의 왕 대관식을 8월 20일 비로소 4차만에 본국인 한국에서 한 것입니다." 『참부모경』 13.1.4:4. 미국과 한국에서 거행된 평화의 왕 대관식은 각각 3차 4차 섭리이며, 그 전 2003년 12월 22일에 거행된 예수님의 '제1이스라엘 만왕의 왕 대관식'과 2004년 2월 4일에 거행된 예수님과 흥진님의 '제2 이스라엘 평화의 왕 대관식'은 참부모님의 실체 평화의 왕 대관식을 위한 1차 2차 섭리이다.

61) "오전에 이 자리에 있어서 천정궁선을 중심삼은 입궁식이 끝나고, 이제는 천주부모님과 천지인부모님이 합덕 일체가 되어서 이 나라 천일국 황제권을 중심삼고, 만세에 자랑할 수 있는 천일국 왕권을 중심삼고 치리할 수 있는 사랑 주인의 시대가 왔습니다. (중략) 이제 천일국 이름을 중심삼고 왕권 즉위식, 왕권 봉헌식을 끝냈습니다. 그리고 이 시간은 그 왕권을 대표한 천주부모와 천지부모와 천지인부모가 합덕하여 선의 왕 중의 왕으로서 대관식을 마치는 이 자리이옵니다." 『문선명선생말씀선집』 529:256-257.

62) "오늘로서 만왕의 왕, 한 분밖에 없는 하나님이 참부모의 자리에 서는 것입니다. 참부모는 한 분입니다. 지금까지 수천수만의 왕들이 있었지만, 한 분밖에

곧 실체 만왕의 왕으로 현현하여 천일국과 온 천주에서 만왕의 왕권을 행사한다.63)

천정궁 입궁과 천주평화의 왕 대관식은 하나님과 참부모님이 하나 되어 거행한 입궁식과 대관식이었다.64) 천정궁 입궁

없는 재림주가 와서 만왕의 왕 자리에 올라가 한 분밖에 없는 하나님과 일체가 되는 것입니다. 그러니까 하나님의 내적 외적인 실체를 중심삼고 에덴동산에서 보이지 않던 하나님의 실체권이 어떻게 됩니까? 실체를 중심한 참부모의 자리에 서서 그 참부모가 세상에 한 분밖에 없는 하나님이 되는 것입니다."『천성경』 11.5.2:71. "아벨유엔을 중심삼고 새로운 부모유엔이 발족했으니만큼 만왕의 왕, 왕 중의 왕이 돼서 어떻게 해야 되겠습니까? 하나님과 둘이 합해서 대관식을 올림으로써 하늘과 땅의 모든 전부가 하늘에 정착할 수 있는 핵이 결정됐으니 결정된 이 핵을 중심삼고 세계적인 조직 편성을 개눈하지 않으면 안 될 것이 선생님의 책임입니다. 어느 누가 여기에서 장(長)의 입장에서 이러고저러고 할 수 없습니다. 만왕의 왕 하나님의 왕권을 대신한 실체를 중심삼고 영육의 일체권을 이룬 기반에서 선생님이 주장하는 도리의 기준을 중심삼고 어떻게 해야 되겠습니까? 세계 전체의 초월적인 자리에서 하나의 주권과 하나의 조국, 그리고 하나의 고향 땅을 창건하는 것입니다."『천성경』 11.5.2:72. 만왕의 왕 하나님 해방권 대관식은 1월 15일에는 천정궁에서, 1월 31일에는 맨해튼센터에서 있었다.

63) "하나님께서는 창조섭리 이전부터 만왕의 왕이셨습니다. 그러나 피조만물을 창조하신 이후에는 실체를 쓰시고 사랑의 대상권인 이 현상세계를 치리하는 실체 만왕의 왕으로 현현하셔야 될 천도가 남아 있었던 것입니다. 그래서 하나님은 참사랑을 중심하고 당신의 대신자로 상속자 되는 지상 실체세계의 참부모를 찾아 나오신 것입니다. 오늘날 본인 부부가 황송하옵게도 하늘로부터 인침을 받고 하나님의 실체로 서서 만왕의 왕 대관식과 금혼식을 갖게 되어 참으로 기쁘면서도 하늘 앞에는 죄송한 마음을 금할 수 없습니다. (중략) 당신의 실체로서 역사하는 지상의 참부모를 통해 새로운 천법을 세우고, 만왕의 왕 권한을 갖고 이 지구성을 복귀하는 참사랑의 혁명을 촉진화할 것입니다."『평화경』 10.15:1605.

64) "… 이들을 품고 이들을 키워 오신 무형의 천주부모와 실체의 천지인부모가 합심일체가 되어서 (중략) 영원하신 무형의 참부모와 실체의 참부모가 하나되어 유형세계의 중심이 되는 천지인부모가 확정되어 가지고 입궁식을 지내게 됐습

식과 천주평화의 왕 대관식(2006.6.13.)을 통해 하나님과 참부모님은 일체로서 선의 왕권을 천주적으로 행사하는 천주평화의 왕이 되었다. 무형의 하나님은 참부모님을 통해 유형의 하나님으로 현현하여 전 피조세계를 주관하며, 참부모님은 보이는 하나님으로서 하나님의 왕권으로 전 피조세계를 주관한다. 이때부터 참부모님은 하나님과 왕권을 중심삼고도 일체를 이루었기 때문에 별도로 하나님께 경배 드리는 의식을 하지 않는다.[65] 이후 거행된 만왕의 왕 하나님 해방권 대관식(2009.1.)을 통해 하나님의 심정권을 완전히 해방함으로써 하나님과 참부모님은 천주평화의 왕권을 확장하여 창조주 하나님과 참부모님이 전체·전반·전권·전능의 본연의 왕권을 완전히 행사할 수 있는 만왕의 왕권을 완성하였다. 창조주 하나님은 종적인 무형의 만왕의 왕이며, 하나님과 일체된 참부모

니다. (중략) 무형의 신 자체로서는 실체세계의 중심자리를 차지할 수 없기 때문에 실체를 쓰기 위해서 아담 해와의 몸을 빌려 마음과 하나되기 위했던 에덴의 창조이상적 소원의 핵심적 내용의 그 핵이 이제 천상세계와 지상세계를 통틀어 가지고 무형으로서 중화적 존재의 입장에 서 있던 것을 이분시켜 아담 해와로 분립해 놓고, 거기에 체를 입음으로 말미암아 무형의 마음적인 부모와 유형의 실체적인 몸적인 부모가 일심·일체·일핵으로 정착하는 일화의 세계를 갖추어 안착 출발할 수 있는 입궁식을 맞이할 수 있는 이 자리를 허락하여 주신 것을 감사드립니다." 『문선명선생말씀선집』 528:250-251.

65) "더 이상 실체의 하나님으로 역사하시는 참부모님과 무형의 하나님을 구별할 필요가 없는 지상·천상천국이 실체적으로 여러분의 눈앞에서 펼쳐지는 새로운 시대권이 열리고 있습니다." 『천성경』 13.3:21. 『평화경』 10.15:1603.

님은 횡적인 유형의 만왕의 왕이다.

이렇게 하나님과 참부모님이 일체로서 함께 만왕의 왕으로 등극한 후, 2010년 6월 19일에 하나님과 참부모님이 일심·일체·일념·일화·일핵을 완성하고 또한 참부모님 양위분이 횡적으로 최종적인 일체를 완성했음을 선포하였다. 그리고 이 기반 위에서 2010년 7월 8일 '천지인참부모 정착 실체말씀 선포대회'를 시작하였다. 하나님, 참아버님, 참어머님이 일체된 천지인참부모님이 하나님의 조국 한국에 정착하고, 천지인참부모님의 실체가 천지인참부모님의 말씀보다 귀하다는 것을 선포하였다. 실체말씀이란 하나님과 일체 된 참부모님의 말씀을 의미한다. 이후 참부모님은 2011년 12월 11일에 "천지의 모든 존재가 초점을 맞추고 창조주 하나님이 창조본연의 기준을 찾아 세우신 가운데 모든 섭리의 완성·완결·완료와 최종승리를 선언한다."고 선포하였다.[66]

2013년 천력 1월 13일 기원절에 '천지인참부모 천일국 즉위식'을 통해 하나님과 참부모님은 드디어 개문된 하나님나라 천일국의 영원한 만왕의 왕으로 즉위하였다. 하나님과 영계에 계시는 참아버님과 지상에 계시는 참어머님이 일체로서 천일국의 만왕의 왕으로 등극하였다. 천지인참부모님은 하나님과

---

66) "『참부모경』, 99 지문.

일체를 이룬 참부모님을 의미한다. 참부모님은 천지인참부모님을 천일국의 진성덕황제(眞聖德皇帝)로도 호칭한다.[67] 하나 된 하나님과 참부모님은 함께 만왕의 왕으로서 천일국을 영원히 주관한다.[68]

하나님과 일체된 참부모님이 천일국의 평화의 왕, 만왕의 왕이라는 선포는 참아버님과 참어머님이 함께 평화의 왕, 만왕의 왕이라는 의미를 갖는다.[69] 참아버님과 참어머님은 일체이므로 참아버님도 평화의 왕, 만왕의 왕이고, 참어머님도 평화의 왕, 만왕의 왕으로서 함께 동위권을 갖는다. 참아버님과 참어머님 양위분은 함께 보이는 하나님으로서, 평화의 왕, 만왕의 왕으로서 천일국과 피조세계를 주관한다. 이것은 이성성상의 하나님 개념이 내포한 필연적인 결과이다. 이성성상의 하나님의 왕권은 하나님과 일체된 완성한 아담 해와를 통해 행사된다. 이것은 하나님의 창조이상이다.

---

67) 천정궁 입궁기념 휘호. 天一國 眞聖德皇帝 億兆蒼生 萬勝君皇 太平聖代 萬事亨通

68) "이제 참아버님께서는 천법에 따라 영계를 거점으로 삼으시고 자유자재로 영계와 육계를 왕래하시며 천일국의 확장을 위해 섭리하실 것입니다. 참아버님과 나는 일심·일체·일화·일념의 경지에서 섭리를 경륜하게 될 것입니다. 기원절의 승리를 통해 본연의 에덴동산을 이 땅 위에 창건하는 데에 여러분과 함께하실 것입니다. 하늘의 섭리역사는 멈출 수가 없기 때문입니다." 『천성경』 12.4.3:4.

69) "평화의 왕과 여왕은 부모의 자리이고, 평화의 자녀는 가인과 아벨의 자리입니다." 『참부모경』 9.5.3:10.

하나님과 일체인 참부모님은 유형의 하나님으로 지상과 영계를 모두 영원히 주관한다.[70] 참부모님은 지상에 거할 때에도 영계에 거할 때에도 함께 지상과 영계 모두를 주관한다. 현재 영계에 거하는 참아버님은 지상에 거하는 참어머님과 함께 평화의 왕, 만왕의 왕으로서 천주를 주관하고 있다.

보이는 하나님으로서 참부모님의 평화의 왕, 만왕의 왕 위상은 인류 역사에서 영원히 유일하다. 평화의 왕, 만왕의 왕이라는 위상과 가치는 승계되는 성질의 것이 아니다. 궁극적으로 피조세계를 주관하는 만왕의 왕은 창조주 하나님이며, 하나님은 자신과 일체된 인간시조를 통하여 피조세계를 공적(公的)으로 실체적으로 주관한다. 창조원리에 의하여, 인간시조인 참부모님은 하나님과 일체를 이룸으로써 유일하고 영원한 평화의 왕, 만왕의 왕으로 결정된다. 이후 천상과 지상에서 하나님의 공적인 통치는 오직 참부모님을 통해서만 행해진다. 참부모님 양위분이 모두 성화하여도 양위분은 영계에서 하나님과 함께 영원히 천일국과 천주를 주관하는 평화의 왕, 만왕의 왕이다.

참부모님은 평화의 왕, 만왕의 왕으로서 천일국을 개문함으

---

70) "영계에 가 있는 여러분의 조상들까지도 무형으로 임재하시는 하나님의 실체로서 만생만사를 실체 주관하고 계시는 참부모님의 때를 맞이하여…" 『천성경』 13.4.1:10.

로써 지상에서 참부모 메시아로서의 사명을 완수하였다. 참부모님은 독생자 독생녀로 탄생하여, 제3차 아담과 해와로서 종적 8단계 횡적 8단계의 모든 탕감복귀 노정을 승리하고, 사탄을 굴복시키고, 하나님을 해방하고, 하나님과 일체를 이루어 평화의 왕, 만왕의 왕으로 등극하고, 지상천국의 기대를 완성해 천일국을 개문하였다. 참부모님은 2010년 6월 19일(천력 5월 8일)과 6월 26일(천력 5월 15일)에 하나님과 참부모님의 일체와 참부모님 양위분의 일체의 기대 위에서 구약·신약·성약시대의 완성·완결·완료와 전체·전반·전권·전능의 시대를 선포하였다.[71] 이어서 2011년 4월 24일부터 개최된 '천지인참부모 정착 실체말씀 선포 천주대회'에서 참부모님은 이 대회가 "참부모님의 생애에서 모든 복귀섭리역사의 최종 종결과 완성을 선포하기 위한 이번 참부모님의 순회노정"이라고 말씀하였다.[72] 이후 참부모님은 2011년 12월 11일(천력 11월 17일)에 '천지의 모든 존재가 초점을 맞추고 창조주 하나님이 창조본연의 기준을 찾아 세우신 가운데 모든 섭리의 완성·완결·완료와 최종승리를 선언한다'고 말씀하고 '모든 것을 다 이루었

71) 『참부모경』, 99 지문.
72) "본인이 여러분에게 선포하는 말씀은 참부모님의 생애에서 모든 복귀섭리역사의 최종 종결과 완성을 선포하기 위한 이번 참부모님의 순회노정임을 알아야겠습니다." 『천성경』 13.4.1:1.

다'고 선포하였다. 그리고 참아버님은 성화하기 21일 전인 2012년 8월 13일(천력 6월 26일)에 지상에서 복귀섭리의 '최종적인 완성의 완결'을 공식적으로 선포하였다.[73] 참부모님은 참부모 메시아로서의 천주적인 사명을 완수하였다.

하나님의 복귀섭리는 하나님의 책임분담과 인간의 책임분담이 합해서 이루어진다. 인간의 책임분담은 다시 메시아의 책임분담과 인류의 책임분담으로 나눠진다. 참부모 메시아는 하나님을 해방하고 하나님과 일체되어 천일국을 출발시킴으로써 지상에서 복귀섭리를 위한 책임분담을 완수하였다. 이제 남은 것은 인류의 책임분담이다. 인류는 참부모님이 개문해준 천일국에서 참부모님을 모시고 따라 책임분담을 완수함으로써 실체 천일국을 건설해 나갈 수 있다. 인류의 책임분담을 완수할 중심적 사명은 참부모님을 먼저 모시고 따르고 있는 세계평화통일가정연합의 축복가정들에게 주어진다. 전 세계 모든 축복가정들은 하나님과 참부모님을 모시고 따라 실체 천일국 건설에 앞장서야 한다.

---

73) "오늘 최종적인 완성의 완결을 아버지 앞에 바친 줄 알고 있사오니 그 뜻대로 이제는 모든 생을 정성들여 종료하는 시간을 갖추어 종족메시아 국가를 대표할 수 있는 이름을 이루어 가지고 그 일을 다 이루었다. 다 이루었다. 아주!" 『천성경』, 1646 기도문.

5) 실체 하나님 참부모님

하나님과 신인애일체를 완성한 참부모님의 궁극적 위상은 실체 하나님이다. 천일국 시대에 참부모님은 무형의 하나님과 신인애일체를 완성한 하나님의 영원하고 유일한 대표 몸·체이다. 그러므로 참부모님은 유형의 하나님 곧 실체 하나님이다.[74] 무형의 하나님이 완성한 인간시조와 하나 되어 피조세계에 유형의 하나님으로 나타나 지상과 천상의 유형의 피조세계를 주관하려는 창조목적이 성취되었다. 하나님의 첫 아들딸 곧 본연의 인간시조는 완성하여 하나님과 일체됨으로써 하나님의 위상으로 나타난다. 창조주 하나님은 무형의 하나님이며, 완성하여 하나님과 일체된 참부모님은 유형의 실체 하나

---

74) "오늘날 본인 부부가 황송하옵게도 하늘로부터 인침을 받고 하나님의 실체로서서 만왕의 왕 대관식과 금혼식을 갖게 되어 참으로 기쁘면서도 하늘 앞에는 죄송한 마음을 금할 수가 없습니다." 『천성경』 13.2.2:24. "하늘은 이제 더 이상 우리를 기다리시지 않을 것입니다. 당신의 실체로서 역사하는 지상의 참부모를 통해 새로운 천법을 세우고, 만왕의 왕 권한을 갖고 이 지구성을 복귀하는 참사랑의 혁명을 촉진화할 것입니다." 『천성경』 13.2.2:25. "종적 만왕의 왕 되신 하나님의 실체로 만유를 통치할 횡적 만왕의 왕 참부모님의 대관식과 금혼식, 그리고 자서전 출판 기념회에 초대받으셨습니다." 『천성경』 13.2.2:31. "영계에 가 있는 여러분의 조상들까지도 무형으로 임재하시는 하나님의 실체로서 만생만사를 실체 주관하고 계시는 참부모님의 때를 맞이하여..." 『천성경』 13.4.1:10. 세계평화통일가정연합의 신학(통일신학) 안에서 사용되는 '실체'라는 단어는 일반 철학에서 사용되는 전문용어로서의 '실체' 개념과 다소 다르다. 통일신학에서 사용되는 '실체'는 '실제로 체가 있다'는 의미로 사용된다.

님이다.75) 무형의 하나님이 유형의 실체 하나님과 하나 되어 인류의 참부모 참시조가 되고, 천일국과 온 천주를 통치하는 만왕의 왕으로 현현한 것이다. 그럼으로써 하나님의 창조목적인 신인애일체 이상의 실현이 출발한다.

하나님의 통치는 곧 참부모님의 통치이며, 참부모님의 통치는 하나님의 통치이다.76) 더 이상 하나님의 섭리에서 무형의 하나님과 유형의 참부모님을 구분할 필요 없게 되었다.77) 하나님의 공적인 뜻은 참부모님을 통해 행해진다. 참아버님의 섭리와 참어머님의 섭리도 구분할 필요 없다. 하나님과 참아버님과 참어머님은 일체를 이루었으므로, 하나님의 섭리는 곧 참부모님의 섭리이며, 참부모님의 섭리는 곧 하나님의 섭리이다. 참아버님의 섭리는 곧 참어머님의 섭리이며, 참어머님의 섭리는 곧 참아버님의 섭리이다. 참부모님의 섭리는 항상 하나님과 양위분이 일체된 가운데서 나온다.78)

---

75) 말씀 속에서 하나님이란 단어는 두 가지 다른 의미를 갖는다. 첫째, 창조주 하나님, 둘째, 창조주 하나님과 하나 된 완성한 인간시조.

76) "아담 해와가 하나님의 몸을 갖추면 하나님은 그들의 마음속에 거하시면서 유형세계인 지상세계와 무형세계인 영계를 통치하게 되었을 것입니다. 이것은 하나님의 통치이자 아담 해와의 통치이기도 합니다." 『평화경』 10.9:1558.

77) "하나님께서 참부모 된 본인의 몸을 쓰시고 실체 참부모로서의 역사를 진행시키고 계십니다." 『평화경』 10.9:1560. "더 이상 실체의 하나님으로 역사하시는 참부모님과 무형의 하나님을 구별할 필요가 없는 지상·천상천국이 실체적으로 여러분의 눈앞에서 펼쳐지는 새로운 시대권이 열리고 있습니다." 『천성경』 13.3.3:21.

참부모님은 몸을 입은 하나님이라는 의미에서 '실체 하나님'이며, 또한 하나님의 몸이라는 의미에서 '하나님의 실체'이다.[79] 참아버님은 양성의 실체 하나님으로서 하나님 아버지의 실체 또는 실체 아버지 하나님이고, 참어머님은 음성의 실체 하나님으로서 하나님 어머니의 실체 또는 실체 어머니 하나님이다. 인류 역사에서 드디어 무형의 하나님 아버지와 하나님 어머니가 유형의 참아버지와 참어머니로 현현하였다. 하

---

78) "이제 참부모님 양위분께서는 최종 일체를 이루어 완성·완결·완료의 기준 위에서 전체·전반·전권·전능의 시대를 봉헌 선포하신 것입니다." 『천성경』 13.4.3:1. "나는 40일 동안 천정궁을 왕래하시는 아버님과 같은 심정으로 대화하면서 지냈습니다. 아버님의 생각이자 내 생각이었고 내 생각이자 아버님의 생각이었습니다. 참아버님과 나는 일심·일체·일념·일화로 하나님의 마지막 섭리역사를 마무리하게 될 것입니다." 『참부모경』 13.2.2:4. "하나님의 뜻으로 본 아담 해와는 원래 둘이 아닙니다. 아담이 해와에게 이끌려 천법을 어겼으니 둘이 되었지 원래는 하나입니다. 진리의 일체화, 실체의 일체화가 된 다음에는 심정의 일체화가 되어야 합니다. 그렇게 되면 하나님과 일체화가 됩니다." 『천성경』 12.3.1:6.

79) '하나님의 실체, 실체 하나님'이란 표현은 참부모님이 하나님 자신이라는 의미는 아니다. 하나님과 일체된 분이라는 의미이다. 『원리강론』은 이 점을 다음과 같이 설명한다. "위에서 논증한 바와 같이, 예수님은 창조목적(創造目的)을 완성한 인간으로서 하나님과 일체이시기 때문에, 그의 신성(神性)으로 보아 그를 하나님이라고 할 수도 있다. 그러나 그는 어디까지나 하나님 자신이 될 수는 없는 것이다. 하나님과 예수님과의 관계는 마음과 몸과의 관계로 비유하여 생각할 수 있다. 몸은 마음을 닮아 난 실체대상(實體對象)으로서 마음과 일체를 이루고 있기 때문에 제2의 마음이라고는 할 수 있을망정, 몸이 마음 그 자체는 아닌 것이다. 이와 마찬가지로 예수님도 하나님과 일체를 이루고 있기 때문에 제2의 하나님이라고 할 수는 있으나 하나님 자신이 될 수는 없는 것이다." 『원리강론』, 229. "참부모와 하나님이 뭐가 다릅니까? 하나님은 신이요 참부모는 사람입니다." 『천성경』 2.5.1:3.

나님과 참부모님이 완성하여 일체된 자리는 피조세계의 절대·유일·불변·영원한 중심이며, 참사랑·참생명·참혈통의 기원이고,[80] 그러므로 모든 가치의 근원이다. 따라서 참부모님을 중심하지 않으면 거기에는 하나님이 함께 하지 못하며, 참사랑·참생명·참혈통이 연결되지 못하고, 창조본연의 선의 가치가 나타나지 않는다.

참부모님은 천주부모, 천지부모, 천지인부모라는 개념을 사용하여 이 내용을 설명해 주기도 하였다. 천주부모는 하나님, 천지부모는 완성한 아담과 해와, 천지인부모는 천주부모와 천지부모가 일체된 모습을 의미한다. 모든 인류는 천지인부모가 돼야 한다. 참부모님은 천지부모로 완성하고, 다시 하나님과 일체되어 천지인부모를 완성하였다. 참부모님은 만왕의 왕 하나님 해방권 대관식 이후 참부모님이 바로 하나님과 완성한

---

80) "참부모와 하나님이 뭐가 다릅니까? 하나님은 신이요 참부모는 사람입니다. 사람과 신이 합해서 둘이 핵이 되고 중심이 되어서 영원히 산수원과 같은 샘터가 그치지 않고 태양빛이 비춰 주는 그 세계가 되면 지상·천상 만국 해방의 이상경이 될 수 있으며, 천상·지상 통일된 하나의 이상의 나라가 아닐 수 없다는 것입니다."『천성경』 2.5.1:3. "아담과 해와가 타락하지 않았다면 그들의 종적·횡적 사랑이상의 초점, 즉 화합의 일체적 각도를 맞추어 합동하는 자리가 이뤄졌을 것입니다. 그 자리가 인류 참조상의 사랑의 설정과 더불어 참생명의 기원이 설정되고 참핏줄의 기원이 설정되는 것입니다. 이것은 인간만이 아닙니다. 인간의 마음에 하나님이 들어와 외적인 하나님과 내적인 하나님이 하나되는 결혼식이 됩니다. 그것이 타락하지 않은 본연의 결혼식입니다."『천성경』 11.3.1:3.

아담 해와가 하나 된 모습이므로 참부모님을 천지인참부모님으로 호칭하였다.[81] 원래 처음 창조된 인간시조 아담과 해와가 이것을 성취했어야 하지만 타락으로 인해 이루지 못하였고, 다시 창조된 인간시조 메시아 예수님도 유대인들의 불신으로 이루지 못하였으나, 또다시 창조된 인간시조 재림메시아 참부모님 양위분이 이 창조목적을 비로소 성취하였다.

1952년 완성된 『원리원본』을 보면 하나님의 창조목적의 완성은 하늘부모와 땅의 부모가 일체되는 것으로부터 시작함을 알 수 있다. 참부모님의 전 노정은 바로 이 중심을 완성하려는 것이었다. 참부모님은 이 목적을 향해 줄곧 일관되게 탕감복귀섭리를 진행해 왔으며, 드디어 모든 탕감복귀노정을 승리하고 하나님과 하나 되어 실체 하나님으로 현현했음을 선포하였다. 참부모님은 처음부터 섭리의 목표와 방향을 분명히 천명하고, 그것을 이루기 위해 달려 왔으며, 만난을 극복하고 그 목표를 성취하였다. 그 기대 위에서 천일국이 출발할 수 있었다. 개문된 천일국 시대, 이제부터 인류의 역사는 실체 하나님으로 현현한 천지인참부모님을 중심으로 형성되어 나가게 된다.

---

81) '천지인부모'는 모든 인류가 이루어야 할 목표로서 일반명사이며, '천지인참부모님'은 천지인부모를 처음으로 완성한 참부모님 양위분을 가리키는 고유명사이다.

참부모님이 비록 '천주평화의 왕 참부모님 천정궁 입궁·대관식'과 이후 '만왕의 왕 하나님 해방권 대관식'에서 하나님과 일체임을 공식적으로 선포하였지만, 이것이 그 전에는 하나님이 참부모님과 함께 하지 않았음을 의미하는 것은 아니다. 참부모님 양위분은 하나님이 직계 혈통의 자녀로 보낸 분들이다. 하나님은 잉태 순간부터 탄생과 일생을 거쳐 영원히 자신의 직계 아들딸인 참부모님 양위분과 함께 한다. 그러나 창조원리에 따라 참부모님은 성장과정을 거쳐서 완성하여 하나님과 온전히 일체를 이루는 것이며, 또한 복귀원리에 따라 참부모님 양위분이 제3차 아담 해와의 입장에서 자신들의 책임분담으로 모든 탕감복귀 노정을 승리하고 그 이상의 자리에 선 후에야 사탄의 참소 없이 하나님과 일체를 완성할 수 있는 것이다. 참부모님은 창조원리적인 성장기간과 복귀원리적인 탕감복귀 노정을 완전히 승리함으로써, 하나님과 최종 일체를 완성하였다.

실체 하나님인 참부모님은 인류 역사에서 유일회적이다. 하나님이 한 분이듯, 하나님의 대표 실체도 오직 한 쌍의 완성한 인간시조 부부이다. 그들은 종적인 하나님 앞에 횡적인 인류의 중심이며, 중심은 하나이다. 실체 하나님의 위상과 권위는 누가 대신 가질 수 있는 것이 아니다. 실체 하나님인 참부모님은 참된 인간시조이며, 영원한 만왕의 왕이다. 실체 하나님으로서 참부모님의 섭리와 주관의 범위는 공간적으로 영계와 육계를 포함한 전 피조세계이며, 시간적으로 인류의 전 역사이다. 현재 참아버님은 영계에 참어머님은 지상에 거하지만 양위분은 실체 하나님으로서 항상 함께 천일국과 천주를 주관한다. 양위분이 모두 영계에 거하여도 항상 함께 천일국과 천주를 주관한다. 어떤 인간도 이와 같은 실체 하나님으로서의 참부모님의 위상과 가치와 권위를 가질 수 없고 대신할 수 없다. 전 인류는 참부모님 앞에 형제자매로서 천일국 백성이 되어야 한다.

하나님의 창조목적은 인간시조와 신인애일체를 이루어 하나님의 직계 혈통의 자녀들을 번식하고, 그 자녀들과도 신인애일체를 이루어 함께 기쁨을 누리는 것이다. 무형의 종적인 참부모 하나님은 유형의 횡적인 참부모와 하나 되어 자녀들을 번식하고, 그 자녀들과도 일체가 되고자 하였다.[82] 그런데 신인애일체를 이룬 인간시조의 위상과 신인애일체를 이룬 후손들의 위상은 다르다. 완성한 인간시조는 유형의 횡적인 참부모이며 실체적인 만왕의 왕으로서 영원하고 유일한 하나님의 공적인 대표 실체이며, 따라서 하나님의 공적인 활동과 왕권

---

82) "하나님이 나타나기 위해서는 체를 입어야 할 텐데, 그 체를 입는 대표가 아담 해와입니다." 『천성경』 1.3.2:12. "오늘 인류는 모두 하나님의 몸을 쓰고 사는 분신체가 되어 있을 것입니다." 『평화경』 10.9:1558.

의 행사는 오직 신인애일체를 완성한 인간시조를 통해 나타난다. 종적인 하나님과 횡적인 인간시조가 일체된 참부모는 피조세계와 인류의 공적인 중심이며 핵이다. 하나님의 창조이상은 이 자리를 중심으로 전개된다.

후손들의 신인애일체는 사적인 차원으로서, 그들은 하나님과 사적으로 일체를 이루어 하나님의 사적인 몸이 될 수 있다. 각 개인은 하나님을 독특하게 닮았으므로, 하나님은 각 후손의 부부와 일체를 이루어 독특한 기쁨을 느낀다. 후손들은 참부모의 후손으로서 먼저 참부모와 횡적으로 일체된 터 위에서 하나님과 종적으로 일체될 수 있다. 후손들의 신인애일체에는 신인애일체를 완성한 참부모와 혈통적 심정적인 일체가 전제되어 있다. 신인애일체를 이룬 후손들은 신인애일체를 완성한 인간시조의 자녀이고 후손이며 백성이다. 신인애일체를 완성한 인간시조는 신인애일체를 완성한 후손들과 하나님 안에서 부모와 자녀, 조상과 후손, 왕과 백성으로 하나 된다.

이러한 창조원리에 의하여, 신인애일체를 완성한 인간시조 천지인참부모님은 피조세계와 천일국의 중심이며, 인류는 천지인참부모님을 모시고 하나 될 때 비로소 신인애일체로 나아갈 수 있다.

5. 마치는 글

무형의 하나님이 유형의 체를 쓰고 사랑을 완성하며 피조세계를 주관하려는 창조이상은 아담 해와의 타락으로 인해 그 성취가 연기 되었으며, 오랜 탕감복귀역사를 거쳐 참부모님 양위분을 통해 성취되었다. 창조주 하나님이 참부모님의 몸을 쓰고 천지인참부모님이 되어 유형의 피조세계에 정착한 것이다. 이제 인류역사는 하나님과 참부모님이 일체를 이룬 천지인참부모님을 기점으로 타락의 선천 시대를 종결하고, 새로운 창조본연의 문명인 후천 시대를 열어갈 수 있게 되었다. 모든 종교와 주의와 사상과 가치관은 천지인참부모님 앞에 수렴되고, 전 인류가 천지인참부모님의 자녀가 됨으로써, 하나님 아래 인류 한 가족의 이상을 이루어갈 것이다. 천지인참부모님의 통치 아래 인류는 지상천국의 건설 곧 천일국의 완성을 향해 전진할 것이다. 전 세계의 모든 축복가정들은 참부모님의 이러한 위상과 가치를 다시 한 번 깊이 이해하고, 참부모님을 모시고 따라 천일국 실체화에 더욱 앞장서야 할 것이다.

● 참고문헌

『문선명선생말씀선집』

『원리강론』

『원리원본』

『참부모경』

『천성경』

『평화경』

주재완. 『통일교 사상 연구 I』. 아산: 선문대출판부, 2000.

주재완. 『통일교 사상 연구 II』. 아산: 선문대출판부, 2004.

제3장_ 창립자 사후 세계평화통일가정연합의 변화[1)]

1. 시작하는 글

1954년 한국에서 세계기독교통일신령협회를 창립하여 세계적인 교단으로 발전시킨 참아버님이 2012년 천력 7월 17일 성화하였다. 그는 1994년에 교단 명칭을 세계평화통일가정연합으로 변경하며 재창립의 의미를 부여했다. 세계기독교통일신령협회의 경우와 달리 세계평화통일가정연합(이후 논의의 편의를 위해 가정연합으로 약칭)의 경우는 참아버님과 참어머님이 양위분이 공동 창립자로 되어있다.[2)] 창립자 사후 가

1) 이 글은 2016년 『종교연구』 76집, 4호에 게재된 논문을 수정 보완한 것이다. 이 논문은 처음에 일반 학자들을 대상으로 써졌기 때문에 중립적인 표현을 사용했었으나, 주로 가정연합의 신도들을 대상으로 준비된 이 책에서는 필요한 곳에서 신앙적인 표현들로 수정하였다. 특히 참부모님에 대한 호칭을 수정하였다. 그러나 처음부터 종교학자들을 대상으로 쓴 글이기 때문에, 완전히 통일신학적인 서술로 수정되기는 어려워서 다소 어색한 표현들이 남아 있다.

2) 『참부모경』, 23 지문.

정연합은 짧은 기간임에도 불구하고 내외적으로 많은 변화를 겪고 있다. 무엇보다 양위분의 일부 자녀들이 교단을 나가 두 개의 독립된 조직을 세운 것이 가장 큰 외적인 변화일 것이다.

참아버님 성화 후 가정연합에 대한 종교학자들의 연구는 주로 이 점에 초점을 맞춘다. 그리고 참어머님이 이끄는 가정연합 내에서도 교권을 중심한 잠재적 갈등의 여부와 그 전개에 관심을 갖는다. 『포스트 문 시대의 통일교회』에서 한국의 종교학자들은 기존의 주류 교단과 새로운 두 조직들을 비교하며 그들의 진로를 전망했다.[3] 2016년 7월에 한국에서 개최된 세계신종교학회 국제학술대회도 "The Post-Charismatic Fate of the Unification Church"라는 주제 아래 이 현상을 집중적으로 다루었다.[4]

그런데 상대적으로 현재 참어머님이 이끌고 있는 가정연합의 내부에서 진행되는 주요한 변화들에 대한 연구는 별로 보이지 않는다. 이 논문은 가정연합의 내부에서 진행되는 주요

---

3) 고건호 엮음, 『포스트 문 시대의 통일교회』 (서울: 모시는사람들, 2014).

4) 발표된 세편의 논문 제목은 다음과 같다. "Unification, Diversification or Fragmentation? The Globalization, Localization and Glocalization of a Korean New Religious Movement," "Preston Moon and the Family Peace Association," "Schism in the Unification Church: 2016 Update." 이 외에 15 분과에서 세계평화통일가정연합의 경전편찬 과정을 다룬 논문도 발표되었다. 세계신종교학회 2016 국제학술대회 자료집 참조. Religious Movements in a Globalized World: Korea, Asia, and Beyond.

한 변화에 대해 고찰하는 것이다. 현재 가정연합은 자신의 역사적 경험에 기초해 적극적으로 자신을 재구성 하고 있다. 후술되듯이 이러한 재구성의 노력은 참아버님 성화 직후 나타난 현상으로 인해 촉발된 면도 있지만, 종교학적으로 보면 특수한 신종교가 보다 보편적인 제도적 종교로 변하려는 일반적인 노력의 모습들로 평가될 수 있다. 논문의 구성은 필자의 관점에서 중요한 의미를 내포한 새로운 현상들 몇 가지를 선택하여 각각을 소주제로 삼아 논의하고 요약적 결론으로 마무리하는 형태로 진행된다.

2. 책임분담과 전통

먼저 가정연합으로부터 독립한 참부모님 양위분의 자녀들에 대한 신도들의 시각을 살펴보자. 교권 승계문제를 놓고 자녀들 끼리 갈등하고, 심지어 참어머님에게 반발하는 모습은 축복가정들로 하여금 참부모님에 대한 신앙을 약화시킬 수 있다. 이것이 이 사태가 신도들에게 제기하는 가장 큰 질문이다. 그런데 가정연합의 현황을 보면, 전 세계적으로 대다수의 축복가정들이 참어머님을 중심한 가정연합 안에서 신앙생활을 지속하고 있으며, 따라서 가정연합의 세계적인 조직은 대체로 안정적으로 운영되고 있다. 이것은 축복가정들이 신앙적으로 어떻게든 내면적으로 그리고 공동체적으로 이 문제를 해결하고 있음을 보여준다. 축복가정들로 하여금 그 문제를 해결하게 만들어주는 조건들은 여러 가지이겠지만, 그 현상에 대한 설득력 있는 교리적 해석이 현재 대단히 중요한 역할을 하고 있다고 생각한다. 기본적으로 의미를 추구하는 종교 공동체에게 합리적 설명이 중요하기도 하지만, 신앙과 더불어 이성적 이해의 중요성도 강조하는 가정연합의 사상을 볼 때 더욱 그렇게 판단된다.[5)]

축복가정들이 대체로 공유하는 해석은 크게 다음 두 가지로 보인다. 첫째는 기존의 책임분담 교리이며, 둘째는 재해석된 혈통과 전통 개념이다. 책임분담 교리에 의하면, 모든 인간은 하나님도 간섭할 수 없는 적은 양의 책임을 부여 받으며, 그 책임의 완수 여부에 따라 하나님의 의도가 나타날 수도 있고, 나타나지 못할 수도 있다.[6)] 아담과 해와가 하나님의 계명을 지키지 못하고 타락한 것은 그들이 책임분담을 완수하지 못했

5) 『원리강론』, 3. 『원리강론』은 인간의 타락을 무지(無知)에 떨어진 것이므로, 인류의 역사는 무지를 극복하고 지(知)에로 나아가는 것이라고 본다.

6) 『원리강론』, 59-60.

기 때문이다. 같은 논리로 일부 자녀가 참어머님과 갈등하는 사건은 그 자녀가 자신의 책임분담을 완수하지 못하는 모습이라고 이해되고 있다. 이러한 해석은 그 사건이 참부모님의 권위를 근본적으로 훼손하지 않게 만든다. 아담과 해와의 타락이 하나님의 권위를 훼손시키지 않는 것처럼, 자녀의 상황이 참부모님의 권위를 훼손시키지 않는다. 축복가정들은 비록 정서적인 어려움은 갖겠지만, 이성적 차원에서 해석의 어려움은 겪지 않는 것 같다.

두 번째 해석은 혈통보다 전통이 하나님의 섭리에서 우위에 있다고 보는 것이다. 이 견해는 갈등 사태 이후 명료하게 등장했다. 이 견해는 원리와 말씀 속에 나타난 혈통 개념이 재해석된 결과라고 볼 수 있다. 손대오는 참아버님이 혈통보다 전통을 더 중요시 했다고 말한다.[7] 특히 성화를 몇 년 앞둔 시기에서부터 참아버님은 전통이 혈통에 앞선다는 점을 강조했다고 한다. 전통이 혈통에 앞선다는 말의 의미는 양위분의 직계자녀 여부보다 신앙적 전통의 준수 여부가 하나님 앞에 더 중요하다는 것이다. 신앙적 전통이란 참부모님을 절대적으로 신뢰하고 따르는 것이다. 이 관점에서 보면 참어머님을 따르지 않는 자들은 신앙적 전통을 지키지 않는 것이며, 하나님의 섭

7) 손대오, 「초심으로 하나 되는 원리인의 삶」, 『통일세계』 541 (2016): 34-35.

리는 신앙적 전통을 지키는 자녀들과 축복가정들에 의해 지속되고 발전한다.

책임분담 교리와 혈통에 대한 재해석은 천일국 헌법에 반영되어 있다. 천일국 헌법은 참부모님의 직계후손이 창립자 부부에 대해 절대신앙, 절대사랑, 절대복종의 관계를 가질 때 직계후손으로서의 권위를 가질 수 있다고 규정한다.8) 이 규정은 신앙적 전통을 지키고 못 지키는 것은 각자의 책임분담의 문제라는 의미도 내포한다. 천일국 헌법은 시기적으로 일부 자녀들이 참어머님을 떠나 있는 기간에 제정되었다.9) 그 과정에서 책임분담 교리와 전통과 혈통에 대한 재해석이 반영되면서 그러한 헌법조문이 작성되었을 것이다.

3. 천일국: 종말에서 미래로

참아버님 성화 후 가정연합이 가지고 있던 메시아적 비전들

---

8) 천일국 헌법, 24조. "참부모님가정은 참부모님에 대한 절대신앙(絶對信仰)·절대사랑·절대복종(絶對服從)의 관계성에 의하여 가치를 가진다." 여기서 참부모님가정이란 창립자의 직계후손과 그의 배우자를 의미한다. 세계평화통일가정연합, 『천일국헌법해설: 법원편』 (서울: 성화사, 2014), 24.

9) 좀 더 자세히 말하자면, 일부 자녀는 참아버님이 성화하기 전부터 참부모님을 떠나기 시작했다.

은 어떻게 되었을까? 이창익은 유대인 사상가 게르숌 숄렘(Gershom Scholem)과 야콥 타우베스(Jacob Taubes)의 관점에서 문선명 사후 교단이 그의 메시아적 비전들을 어떻게 받아드리고 있는지 분석했다.[10] 숄렘에 의하면, 유대교는 메시아적 주장을 역사 안에서 추구하고 검증받고자 하는 반면, 기독교는 메시아적 주장을 개인의 사적인 영역에 국한시켜 역사적 검증을 회피한다. 숄렘은 후자를 메시아주의에서 도피하는 메시아주의의 내면화라고 했다. 내면화된 메시아주의는 역사적 동력을 상실한다. 그러나 타우베스에 의하면, 기독교적인 메시아주의의 내면화란 유대교적 메시아주의와 단절된 부정적인 결과가 아니다. 오히려 그것은 역사적인 구원을 추구하던 유대교적 메시아주의의 자연스럽고 필연적 귀결의 모습이다. 그렇지 않으면 메시아주의는 폭력적이고 과격한 종말론이 되어 몰락한다.[11] 기독교의 내면화된 메시아주의는 유대교의 메시아주의의 연장선상에 있다는 것이다. 이창익은 이 틀에 입각해

---

10) 이창익, 「신종교는 언제 종교가 되는가: 통일교회에서 메시아의 죽음이 갖는 의미에 대해」, 『포스트 문 시대의 통일교회』, 고건호 엮음 (서울: 모시는사람들, 2014), 72-74.

11) 그러나 최근 연구들에 의하면, 타우베스는 다른 한편 바울의 메시아주의를 급진적인 정치신학으로 해석하는데, 이것은 그가 말하는 초기 기독교 메시아주의가 현실 개혁의 의도를 완전히 결여한 신앙적 내면화만은 아님을 의미한다. 안연희, 「바울의 메시아주의에 대한 탈근대 정치신학적 독해: 야곱 타우베스를 중심으로」, 『원불교사상과 종교문화』 66 (2015): 341-368.

참아버님 성화 후 가정연합이 선포한 천일국과 그것을 완성하려는 노력 곧 "천일국운동"을 "메시아주의의 자연스러운 '내면화 과정'으로" 평가했다.[12] 즉 가정연합은 참아버님의 성화 후에 참아버님이 생전에 추구했던 역사 속에서 지상천국을 이루려는 목표를 포기하고, 기독교처럼 그 비전을 점차 개인의 사적 영역으로 받아드리는 과정에 있다는 것이다.

그러나 가정연합의 현재 모습은 이창익의 평가와 다르다. 메시아주의의 내면화라는 개념은, 그것이 숄렘의 부정적 의미에서건 아니면 타우베스의 긍정적 의미에서건, 역시 안에서 실체적인 하나님나라를 건설하려는 종교적 열정과 동력이 상실되고, 하나님나라는 개인의 신앙적 차원의 문제가 된다는 의미를 갖는다. 이와 달리 가정연합은 참아버님 성화 후에도 참어머님을 중심으로 실체적인 하나님나라를 건설하려는 종교적 열정과 동력을 유지하고 있다. 우리가 목도하는 것과 같이 현재 가정연합 지상천국의 건설을 천일국의 실체화라고 표현하며, 이 목표를 위해 노력하고 있다. 한 가지 예를 들면, 가정연합은 우선 2020년 참아버님 탄생 100주년까지 역사 안에서 천일국의 실체적인 모습을 보다 갖추기 위해 총력을 기울

12) 이창익, 「신종교는 언제 종교가 되는가: 통일교회에서 메시아의 죽음이 갖는 의미에 대해」, 74.

이고 있다. 가정연합은 이 목표를 비전 2020으로 부르는데, 그 내용은 전 세계 국가들 가운데 몇몇 국가들이 국가 차원에서 참부모님의 비전을 따르게 되는 것으로 이해된다. 전 세계적으로 교단의 모든 정책은 이 목표에 초점을 맞춘다. 현실 속에서 국가적 형태를 갖춘 이상세계를 건설하려는 가정연합의 노력이 현재 지속되고 있는 것이다. 이런 모습을 메시아주의의 탈역사적 내면화 과정이라고 보기는 어렵다. 가정연합이 선포한 천일국운동은 현재 이창익의 판단과 달리 메시아주의의 내면화 성격을 보이지 않는다. 그렇다고 그 운동이 과격한 "불타는 종말론"[13]적 모습을 보이는 것도 아니다.

참아버님의 성화 후에도 가정연합이 참어머님을 중심으로 지상천국 건설의 비전을 계속 추구하는 것은 가정연합의 사상 자체가 지상천국 건설을 하나님과 참부모님과 인류의 궁극적인 목표로 설정하고 있기 때문이다. 지상천국에 대한 가정연합의 논리와 활동을 유대교의 역사적 메시아주의와 기독교의 내면화된 메시아주의라는 틀로 분석하려는 것은 부적절하다. 종말, 메시아의 사명 그리고 하나님나라에 대한 가정연합의 이해가 유대교 및 기독교의 이해와 다르기 때문이다.

---

13) 이창익, 「신종교는 언제 종교가 되는가: 통일교회에서 메시아의 죽음이 갖는 의미에 대해」, 74.

가정연합의 사상에 의하면, 하나님의 구원섭리의 목적은 지상에 하나님나라 곧 현실적인 이상세계를 건설하는 것이며, 메시아의 목적은 그것을 성취하는 것이다. 예수님은 지상에 실체적인 천국을 건설하기 위해 강림했으나 유대인들의 불신으로 인해 그것을 완성하지 못하였고, 그러므로 재림메시아 참부모님이 강림하여 예수님이 이루지 못한 지상천국을 건설해야 한다.14)

그런데 지상의 하나님나라는 종말에 메시아의 초월적 능력에 의해 단기간에 완성될 수 있는 것이 아니다. 모든 피조물은 일정한 성장기간을 거쳐 완성하며 특히 인간은 그 기간에 책임을 완수해야 완성하도록 되어있기 때문에,15) 지상의 하나님나라도 창건된 후 역사적인 성장기간 곧 발전기간을 거쳐 점진적으로 완성되는 것이며, 그 과정에서 메시아의 책임 완수와 인류의 책임 완수가 모두 필요하다. 메시아의 책임은 지상에 하나님나라를 건설할 수 있는 영적 육적 기반을 완성하고 역사 안에 하나님나라를 창건하는 것이며, 인류의 책임은 창건된 하나님나라를 메시아의 영적 통치 아래 역사 안에서 점진적으로 완성해 가는 것이다.

---

14) 『원리강론』, 152. 160-162.
15) 『원리강론』, 56.

종말은 역사 안에서 재림메시아의 강림과 함께 사탄주권의 악한 세계가 하나님 주권의 선한 세계로 교체되는 때로서,[16)]종말기에 재림메시아에 의해 지상에 창건된 하나님나라는 점진적으로 발전하여 미래의 역사 안에서 완성된다. 참아버님은 그러한 재림메시아의 사명을 완수하고 성화하였다. 이제 가정연합과 축복가정들이 인류의 대표로서 앞장서서 역사 안에서 지상천국을 점진적으로 이루어가야 한다. 이러한 사상적 토대를 가진 가정연합의 천일국운동은 지상천국의 비전이 내면화되는 과정이 아니라 참아버님의 성화 후에도 점진적으로 지상천국을 건설해 나가려는 구체적인 노력이다.

4. 민주적 운영구조와 혈통적 권위

참아버님의 성화 후 가정연합은 교단의 운영기구를 새롭게 구성했다. 아직도 새로운 구조를 정착시키기 위한 과정이 진행 중이지만, 새로운 구조의 기본 성격은 천일국 헌법에 규정되어 있으므로 그 내용에 기초하여 새로운 운영기구의 특징을 살펴볼 수 있다. 운영기구를 재구성 할 때 가장 큰 이슈는 최

---

16) 『원리강론』, 123.

고 권위가 양위분의 직계 자녀에 의해 계승되어야 하는지, 아니면 신도들로부터 선출되는 대표에게 주어져야 하는지 이었다. 가정연합의 지도부는 여러 논의를 거쳐, 민주적인 선출과 혈통적 권위 중 어느 한쪽만을 선택하지 않고 양쪽의 범위를 모두 다소 축소시켜 하나로 종합하는 구조를 헌법으로 제안했고, 참어머님은 이 헌법을 승인했다. 물론 참어머님이 생존하는 동안에는 참어머님이 절대적인 최고 권위를 가지므로, 이 헌법의 구조는 참어머님의 성화 후를 대비한 것이라고 볼 수 있다.

이러한 구조가 가정연합의 역사에서 처음부터 예견된 것은 아니었다. 가정연합의 역사에서 오랫동안 예견된 것은 양위분의 혈통에 의해 최고 권위가 계승되는 구조였다. 인간의 타락과 구원에서 혈통을 강조하는 사상은 자연스럽게 신도들로 하여금 양위분의 직계 혈통적 후손이 그분들의 권위를 계승해야 한다고 생각하게 만들었을 것이다. 그러나 이러한 전망은 참아버님의 성화를 전후하여 결정적으로 변화되었다. 양위분의 권위를 계승할 것으로 예상되었던 자녀 들이 참어머님의 권위를 부정하고 급기야 자신들의 새로운 조직을 만들었기 때문이다. 통일원리는 하나님과 일체를 이룬 양위분이 함께 인류의 참부모이며 참시조라고 규정한다. 어느 한쪽이 부정되면 참부모가 온전히 성립되지 않는다. 이 상황은 교단으로 하여금 혈통의 개념을 재해석하게 만들었고, 결국 혈통적 권위는 민주적으로 선출된 권위와 조화되도록 축소되었다. 앞의 절에서 언급된 바와 같이, 이제 하나님의 섭리에서 참부모님 앞에 절대신앙·절대사랑·절대복종을 하는 전통이 혈통보다 더 중요하다고 이해되기 시작하였다.

다른 한편 권위 구조에 대한 논의는 『원리강론』 자체의 내적 원인으로 말미암은 측면도 있다. 『원리강론』은 한편으로 민주주의와 유사한 구조를 갖는 정체(政體)를 지향하는 것처럼 보이지만, 다른 한편으로 왕을 중심한 군주제를 지향하는 것처럼도 보이기 때문이다. 『원리강론』에 의하면, 입법 사법 행정의 3권이 분립되고, 정당이 뚜렷한 정치적인 사명을 갖는 "민주주의 입헌정치체제(立憲政治體制)"가 "이상세계 제도의 형"이다.[17] 그러나 다른 한편 "민주주의는 … 메시아를 왕으로 모시기 위한 … 새로운 정치제도를 세우려는 데 그 목적이 있는 것이다."라고 말한다.[18] 더욱이 양위분은 평화의 왕이란 이름으로 왕권즉위식과 대관식이라는 의식을 행했다. 만일 통일원리가 지향하는 것이 군주제라면, 최고 권위는 왕권의 형

---

17) 『원리강론』, 499.
18) 『원리강론』, 469.

태로 혈통에 의해 계승되어야 한다. 만일 통일원리가 지향하는 것이 민주주의와 유사한 정치구조라면, 최고 권위는 신도들로부터 선출되고 임기를 가진 대표자에게 주어져야 한다. 물론 『원리강론』과 천일국 헌법 자체에 의하면, 이상세계의 이념은 민주주의가 아니고 공생공영공의주의이지만,[19] 『통일사상요강』에 의하면 공생공영공의주의는 구조적으로 민주주의와 유사하다고 볼 수 있다.[20]

천일국 헌법은 참아버님의 성화 후에 운영구조의 기본 틀이 민주적인 성격의 것이어야 한다고 결론을 내렸다. 그리고 왕과 왕국의 개념은 그러한 민주적인 기본 틀에 조화될 수 있도록 다음과 같이 재해석되었다. 참부모님 양위분은 평화의 왕으로서 지상과 천상에서 영원히 교단과 인류를 통치한다.[21] 참부모님 양위분의 왕권과 통치권은 지상의 어느 누구에게 승계되는 성격의 것이 아니다. 양위분이 모두 성화한 후 최고 권위는 평화의 왕인 참부모님의 영적인 통치 안에서 축복가정들 중에서 선출되고 임기를 갖는 대표자들로 구성된 기구에게 부여된다.[22] 동시에 참부모님의 직계 후손의 혈통적 권위도 세

---

19) 『원리강론』, 472-474. 세계평화통일가정연합, 『천일국헌법해설: 법원편』, 19.
20) 『통일사상요강』, 766.
21) 교단 헌법, 5조. "참부모님은 모든 사명을 완성·완결·완료한 천일국의 영원한 평화의 왕이다."

워야 한다. 신앙의 전통을 준수하는 양위분의 자녀와 후손은 축복가정들에게 존경의 대상이며,[23] 민주적인 체제 안에서 전체적인 대표성과 부분적인 통치력을 가질 수 있다.

이러한 결론과 재해석을 촉진한 것은 일부 자녀가 참어머님을 따르지 않는 현실이다. 그러나 그런 현실이 이유의 전부는 아니다. 가정연합은 이 현실을 계기로 보다 본질적인 내용들을 성찰했다. 하나님과 인간의 관계, 하나님의 창조목적과 지상천국 건설 등의 주제에 대해 근본적이고 거시적이며 심층적인 사색이 있었다. 그리고 그 결과가 천일국 헌법에 반영되었다. 물론 신학적 성찰은 앞으로도 계속될 것이다.

구체적인 조직의 모습은 다음과 같다. 참어머님 아래 가정연합의 최고 권위는 전 세계 신도들로부터 선출된 12인과 양위분의 후손 1인으로 구성된 천일국최고위원회라는 이름의 기구에게 주어진다. 이 최고협의의결기구는 13인이 만장일치로 의결하며, 부득이 만장일치가 불가능하면 3/4의 찬성으로 의결한다. 양위분의 후손 1인은 이 기구의 위원장을 맡으며,

22) 교단 헌법, 10조 1항. "천일국의 평화이상세계를 위한 주권은 하나님과 참부모님으로부터 나온다." 10조 2항. "천일국의 평화이상세계를 위한 주권은 천일국 국민을 통해 실현된다."

23) 교단 헌법, 24조. "참부모님가정은 참부모님에 대한 절대신앙(絶對信仰)·절대사랑·절대복종(絶對服從)의 관계성에 의하여 가치를 가진다."

동시에 그 아래 행정부의 수장(首長)을 겸한다. 최고의결기구 밑에는 3권분립 대신 5권분립(입법, 사법, 행정, 언론, 금융)[24]의 운영기구들이 있다. 『원리강론』은 3권분립을 이상세계의 구조로 평가하지만,[25] 이후 참아버님의 말씀에 따라 헌법은 5권분립을 추구한다.[26] 행정부를 제외한 다른 4부서의 수장들은 모두 신도들 중에서 선출되며 천일국최고위원회의 위원을 겸한다.

이와 같은 구체적인 운영구조를 만들기까지 가정연합은 교난 내 학자와 전문가를 중심으로 많은 연구를 진행했다. 주요 종단들의 운영구조를 연구했으며, 특히 집단지도체제 방식을 가진 몰몬교, 원불교, 바하이교 등을 주의 깊게 분석했다. 주요 국가들의 헌법체계도 연구 분석 했다. 이것은 운영구조의 어떤 부분이 보다 경험에 기초하고 있음을 의미하며, 따라서 그 부분은 더 상세한 말씀과 원리에 근거한 이론적 토대를 요청한다. 또한 이미 역사적 경험을 통해 드러난 집단지도체제

---

24) 천일국 헌법이 규정하는 5권은 다음과 같다. 입법부에 해당하는 천의원(天議苑), 사법부에 해당하는 천법원(天法苑), 행정부에 해당하는 천정원(天政苑), 언론에 해당하는 천공원(天公苑), 금융에 해당하는 천재원(天財苑). 기존의 3권에 언론과 금융이 추가되었다. 세계평화통일가정연합, 『천일국헌법해설: 법원편』, 91.

25) 『원리강론』, 499.

26) 『참부모경』 13.2.4:39, 40, 41.

의 단점과 한계를 극복하고 보완하는 방안도 연구되어야 할 것이다. 예를 들어 집단지도체제가 변질되면 과두제가 될 수 있는데, 이것을 어떻게 방지할 것인지에 대한 연구도 필요할 것이다.[27] 참아버님의 말씀을 보면, 법치는 이상세계의 필연적인 틀로 규정되지만,[28] 그 세계의 통치구조의 구체적인 모습은 제시되지 않는다. 다만 5권분립이라는 것만 명시되어 있다. 이 사실은 가정연합과 천일국의 구체적인 운영기구는 원리에 근거하여 축복가정들과 천일국 국민들이 스스로 구상해야 한다는 의미로 해석 될 수 있다. 그렇다면 가정연합이 구체적인 운영기구를 창안하여 교단 헌법으로 제정한 것은 필요하고 자연스런 과정으로 볼 수 있다. 동시에 현재 규정된 운영기구는 고정된 것이 아니라 열려있어야 함도 의미하므로 지속적인 연구가 필요할 것이다. 참어머님의 성화 후에 내부 갈등과 혼란 없이 가정연합의 진로가 헌법대로 진행되려면, 참어머님이 지상에 계실 때 헌법을 중심한 운영기구가 충분히 정착하고 안정되게 그 기능을 시작해야 할 것이다.

---

27) 실제로 필자가 참석했던 2013년 7월 23일 천일국 헌법 제정을 위한 전 세계 가정연합의 지도자 공청회에서 미국의 한 교회지도자는 교단 헌법이 최고의결기구를 견제하는 기능을 가지고 있지 않다고 지적한 바 있다. 현실은 아직 완전히 이상적인 인간들을 전제할 수 없으므로 과정적으로 고려될 수 있는 견해라고 생각된다.

28) 『천성경』 12.2.3:1-7. 『참부모경』 13.2.4:23.

5. 양성평등, 하늘부모님, 독생녀

주목해야 할 또 다른 변화는 양성평등 사상이 재조명 받는 것이다. 2016년 천일국학술원 학술대회에서 양위분의 장녀인 문예진은 “양성평등 회복의 필요성: 하나님을 하늘아버지이자 하늘어머니로 이해하기”라는 제목의 논문을 발표했다. 그녀는 이 논문에서 참어머님이 하나님을 하늘부모님으로 부르도록 한 것이 교단 내 양성평등의 문화를 회복하는 “역사적인 선포”라고 평가한다.[29] 하나님을 하늘부모님으로 부르는 것은 양성과 음성의 교리가 남성 중심적으로 잘못 해석되는 문제를 바로잡는 출발점이라고 말한다.[30] 이 논문이 주목하듯이, 참어머님은 가정연합을 이끌기 시작하면서 창조주의 호칭으로 하나님과 더불어 하늘부모님을 함께 지시하였다. 그에 따라 축복가정들은 기도할 때 하늘부모님 호칭을 사용하며, 가정맹세에서도 하나님이 하늘부모님으로 교체되었다.

양성과 음성의 이성성상의 하나님을 부모님으로 부르는 것

29) 문예진, 「양성평등 회복의 필요성: 하나님을 하늘아버지이자 하늘어머니로 이해하기」, 『천일국 시대의 참부모님의 위상과 섭리적 경륜』, 천일국학술원 창립총회 및 제1회 학술심포지움 자료집, 7.

30) 문예진, 「양성평등 회복의 필요성: 하나님을 하늘아버지이자 하늘어머니로 이해하기」, 62.

은 자연스럽고 당연하므로 이론상으로는 새로운 것이 아니지만,[31] 가정연합 안의 현실과 연결되면 의미가 커진다. 통일원리는 남성과 여성의 평등과 조화의 사상을 강하게 담고 있다. 하나님은 양성과 음성의 속성을 함께 가진 분이며, 인간 남성과 여성은 하나님의 각 하나의 성이 실체화 된 존재로서 하나님 앞에 가치적으로 평등하고, 사랑으로 협력하는 관계이다. 다음 말씀은 이것을 보여주는 한 예이다.

> 가치적으로 보아 남녀는 절대 평등한 존재입니다. 본연의 참사랑으로 하나된 남녀는 서로 같은 지위가 되는 동위권을 지니게 됩니다. 또한 어디서든 항상 함께하는 동참권을 갖습니다. 나아가 서로의 것을 제2의 자기 것으로 공유하는 이상적인 상속권을 얻게 된다는 것입니다. 이렇게 하나님의 참사랑이상 아래 하나된 남성과 여성은 동위·동참권뿐만 아니라 서로의 것을 자기 것으로 공유함으로써 참사랑을 중심삼고 가치적으로 완전히 평등한 존재가 되도록 창조되었습니다.[32]

이러한 양성평등 사상을 반영한 천일국 헌법은 여러 곳에서 남녀가 차별받지 않음을 법적인 차원에서 명시한다. 예를 들

---

31) 『원리원본』 자체가 "하날 부모"라는 표현을 많이 사용한다.
32) 『평화경』 6.13:1001.

어 헌법의 전문에는 “본 헌법은 … 종교·국경·인종·성별·문화 등의 벽을 초월하는…”이라고 나와 있으며, 20조 1항에는 “천일국 국민은 법 앞에 평등하며, 성별·연령·신분·소유·인종 등에 의해 차별을 받지 아니한다.”라고 규정되어 있다.33)

그러나 문예진의 지적처럼, 가정연합이 현재 자신의 양성평등 사상을 충분히 실현하고 있다고 보기는 어렵다. 단적인 예로서 가정연합의 전 세계 교회 조직 안에 여성 성직자는 거의 없다. 이 현실은 가정연합이 남성 중심으로 운영되어 왔음을 의미할 수 있다. 남성과 여성의 협력과 조화가 강조되는 사상을 가지고 있음에도 불구하고 가정연합에는 왜 남성 중심적 요소가 강했을까? 한 여성 신학자는 가부장적인 사회 환경의 영향으로 양성과 음성의 사상이 여성 차별적으로 해석될 수 있다고 분석한다.34)(김민지 2015, 97). 역사적으로 볼 때 동양의 음양론에 대한 해석도 당시 문화의 영향을 많이 받았다. 『주역』의 음양론은 당시 주(周)나라 남성중심 문화의 영향 아래 양존음비(陽尊陰卑)의 의미로 해석되었고, 『귀장역歸藏易』의 경우 당시 상(商)나라 모계사회의 영향 아래 음(陰)이 양

33) 세계평화통일가정연합, 『천일국헌법해설: 법원편』.

34) 김민지, 「유교의 음양론과 통일사상의 남녀이해에 관한 연구」, 『통일사상연구』 8 (2015): 97.

(陽)보다 우월하다고 해석되었다.[35] 가정연합의 사상에 대한 해석도 그런 환경의 영향으로부터 자유롭지 않았을 것으로 분석하는 것은 설득력이 있어 보인다. 가부장제 사회의 영향을 받은 신도들은 교단의 양성과 음성의 교리를 양(陽) 중심으로 해석할 것이다. 더욱이 가정연합은 하나님을 이성성상의 존재로 규정함에도 불구하고, 기도나 설교에서 하나님 아버지라는 표현을 많이 사용해왔다. 물론 여기서 아버지가 하나님이 남성이라는 것을 의미하지는 않지만, 이러한 언어 사용은 무의식적으로 이성성상의 하나님을 보다 남성 중심으로 이해하도록 영향을 주고, 그 결과 가부장적인 환경의 영향을 더욱 강화시키는데 기여했을 수 있다.

하나님을 아버지가 아니라 하늘부모님으로 호칭하는 것은 언어의 힘에 의해 하나님의 남성성과 여성성을 항상 함께 의식케 하여 남성 중심적인 시각과 태도를 교정하는 효과를 발생시킬 수 있다. 하나님의 이름이 양성평등 의식에 영향을 준다는 것은 이미 여러 기독교 여성신학자들이 잘 보여주었다. 예를 들어 메리 데일리(Mary Daly)는 신을 아버지로 부르는 것을 비판했고 (Daly 1973, 19), 멕페이그(Sally McFague)도 신을 아버지가

35) 풍우란, 『중국철학사 上』, 박성규 옮김 (서울: 까치방, 2007), 610. 623. 잔스추앙, 『도교와 여성』, 안동준·김영수 옮김 (서울: 창해, 2005), 114-118.

아닌 어머니, 연인, 친구로 부를 것을 제안했다(McFague 1988, 97. 125. 157). 하나님 아버지라는 표현과 대비해볼 때, 하늘부모님이라는 표현은 이성성상의 하나님을 더욱 명확히 드러내는 것이며, 그럼으로써 창조본연의 남성과 여성의 조화와 협력의 의식을 고양할 수 있을 것으로 예상된다.

높아진 양성평등 의식은 참어머님의 권위를 바르게 이해하도록 도와 줄 수 있을 것이다. 참부모님 양위분을 남성 중심으로 이해하면, 참아버님의 위상은 근원적으로 참어머님의 위상보다 높아진다. 그러나 양성평등이 창조원리적인 본연의 입장이라면, 완성하여 하나님과 일체된 참아버님과 참어머님은 동위권에 서 있어야 한다. 박상언은 참아버님과 참어머님 사이에 근본적인 권위의 위계가 존재한다고 보고, 그것을 "이원적 카리스마"라고 표현하였다.[36] 그리고 그 현상은 음양적 교리의 특성에 의해 파생된다고 분석했다. 그러나 양위분의 권위에 위계적 차이가 있는 것처럼 보이는 것은 양성과 음성의 사상으로부터 파생된 필연적 모습이 아니다. 그것은 참부모님 양위분의 노정 중 탕감복귀 과정의 모습이다. 탕감복귀란 잘못된 것에 대한 대가를 치름으로써 원래의 상태로 회복되는

36) 박상언, 「이원적 카리스마의 생성 구조와 착종 현상: 문선명 이후 통일교회를 중심으로」, 『포스트 문 시대의 통일교회』, 132-134.

것을 의미한다.[37] 참부모님은 하나님을 중심으로 일체를 이루고 함께 동위권에 서서 동등한 권위를 갖는다.[38] 성혼식 후 부부임에도 불구하고 참어머님이 참아버님보다 낮은 위상을 가졌던 것은 복귀섭리의 과정에서 필요한 것으로 설명된다. 참어머님은 해와의 사명을 탕감복귀하기 위하여 아담 입장에 있는 참아버님께 복종하는 기간을 통과해야 한다. 그러한 탕감복귀의 과정이 성공적으로 끝나면, 참아버님과 참어머님은 본연의 참부부로서 일체가 되어 동등한 위상을 회복한다.[39] 그것을 잘 보여주는 것이 성혼식직후부터 일정 기간 동안 참어머님이 참아버님에게 경배 했으나, 그 기간이 경과한 후 참어머님은 참아버님에게 더 이상 경배하지 않는 사실이다.[40] 양성과 음성의 사상은 이원적 카리스마를 함의하는 것이 아니라, 창조본연의 첫 부부로서 참부모님 양위분의 동위권·동참권·상속권을 함의한다.

천일국 시대에 참어머님은 참아버님이 하나님이 보낸 독생

---

37) 『원리강론』, 243-244.

38) 『참부모경』, 99 지문. 『평화경』 2.16:350.

39) 『천성경』 2.4.1:20. "참아버지와 참어머니는 개인·가정·종족·민족·국가·세계·천주·하나님의 8단계를 다 넘고 난 다음에 하나님의 아들딸로서 나란히 서게 되었습니다. 똑같은 차원의 자리에 서게 되었다는 것입니다."

40) 2003년 2월 '천지부모님 천일국 개문 축복 성혼식'과 '천주·천지 참부모님 평화통일 축복가정왕 즉위식' 행사 이후 3월부터 참어머님은 더 이상 참아버님에게 경배하지 않는다. 통일교, 『참어머님 생애노정』(서울: 성화사, 2012), 211.

자이듯이, 참어머님도 하나님이 보낸 독생녀라고 말씀하였다. 사실 참아버님의 말씀에는 참아버님과 참어머님을 독생자와 독생녀로 호칭한 경우가 많았기 때문에 이 표현 자체는 새롭지 않지만, 그 의미가 심화되었다. 독생자의 본질이 하나님으로부터 유래하는 것처럼 독생녀의 본질도 하나님으로부터 유래하며, 따라서 독생자와 독생녀는 인류의 참부모가 되어야 할 유일한 남성과 여성이다.

참아버님 성화 후 가정연합 안에서 양성평등 사상은 하늘부모님 호칭과 독생녀 개념을 중심으로 새롭게 조명을 받기 시작하였다. 아직 양성평등 사상을 수용한 새로운 정책들은 잘 보이지 않지만, 새로운 신학적 해석의 시도들은 점차 교단 안에서 보다 양성평등적인 정책과 문화를 진작 하는데 기여 할 수 있을 것이다.

6. 축복결혼의식의 변화와 혈통의 재해석

마지막으로 고찰할 주요 변화는 축복결혼의식의 부분적 변화이다. 구원이 종교의 주제 가운데 중심이라면, 가정연합에서 축복결혼의식의 일부 절차가 달라진 것은 어쩌면 가장 의미가 큰 변화일 것이다. 가정연합에서 축복결혼은 구원의 문제와 직결되어 있기 때문이다. 참어머님의 지시 아래 축복결혼의식에서 배우자를 결정하는 방식이 보다 보편적인 방식으로 수정되었다. 이 변화는 혈통 개념의 재해석을 내포하고 있다.

축복결혼의식은 원죄를 청산하는 구원의 통로이며, 동시에 하나님을 중심한 부부와 가정을 출발하는 성스러운 의식이다. 축복결혼의식이 다른 일반 결혼식과 가장 다른 점은 배우자 선택의 방법과 범위였다. 축복결혼에 참여하려는 사람들의 배우자는 참부모님이 중매의 방식으로 결정해주었다. 이때 축복가정 2세 자녀들은 축복가정 2세 자녀들 사이에서 배우자를 맞이하여 2세 축복결혼을 하며, 일반 1세 신도들은 1세 신도들 중에서 배우자를 맞이하여 1세 축복결혼을 해야 했다. 2세와 1세는 축복결혼을 할 수 없었다. 축복결혼의식에 참여 하기 전의 1세 신도는 아직 원죄를 가지고 있으며, 축복결혼의식에 참여한 축복가정 부모의 자녀 곧 2세는 원죄가 없다고 이해되기 때문이다.

축복결혼의식의 변화는 크게 두 가지이다. 하나는 배우자 선택의 방법의 변화이며, 다른 하나는 배우자 선택의 범위의 확장이다. 먼저 배우자 선택의 방법의 변화를 살펴보자. 참어머님의 지시에 의해 2016년부터 배우자 선택의 과정에서 참부모님이 배우자를 중매해주는 방식이 공식적으로 완전히 없어졌다. 2012년 참아버님 성화 후에도 2015년까지 참아버님을 대신하여 참어머님이 축복결혼 상대자를 중매하는 의식이 소규모 남아 있었다. 그러나 2016년부터는 전적으로 축복가정 2세 자녀들은 부모와 함께 축복가정 2세 자녀들 중에서 축복결혼 상대자를 결정하며, 일반 미혼 1세 신도들은 교회의 협조를 통해 일반 미혼 1세 신도들 중에서 스스로 상대자를 결정한다. 즉 신도들은 2세이든 1세이든 최소한의 행정 절차만 거치면 자신이 원하는 배우자와 축복결혼 할 수 있게 된 것이다. 단 1세 신도는 1세 신도들 사이에서, 2세 신도는 2세 신도들 사이에서 배우자를 선택해야 하는 기준은 부분적으로 유지된다.

이 변화는 단순히 참아버님의 부재라는 현실적 이유 때문이 아니라, 통일원리에 입각해 예정된 변화였다. 인간은 원래 처음부터 부모가 중심이 되어 자녀들의 배우자를 결정하고 결혼시켜야 하지만, 그럴 수 있는 조건이 갖추어지기까지는 참부모님이 그 역할을 해야 한다. 그런데 이제 그럴 수 있는 조건이 마련되었기 때문에 각자의 부모가 중심이 되어 자녀들을 결혼시키는 본연의 방법으로 되돌아가는 것이다. 사실 이 방식은 참아버님 생전인 2001년부터 이미 부분적으로 시작되었다. 그 때부터 한편으로는 참아버님에 의한 미혼 신도들의 중매가 지속되었지만, 다른 한편으로는 2세 자녀들의 경우 자기 부모의 주관 아래 배우자를 결정할 수도 있었다. 참아버님의 생전에 부분적으로 실행되던 후자의 방식이 참아버님의 성화 후에 참어머님에 의해 전체적으로 실행된 것이라고 볼 수 있다.

보다 자유로워진 배우자 선택의 과정은 가정연합을 보다 보편적인 종교 공동체로 변화시키는데 기여할 것이다.[41] 가정연합을 특수한 종단으로 보이게 만드는 대표적인 것이 참부모님이 배우자를 중매하는 축복결혼의식이었다. 그러나 이제 그런 조건은 더 이상 요구되지 않는다. 배우자 선택의 방법에 관한한 가정연합은 다른 종단과 큰 차별을 보이지 않게 된 것이다. 이 변화는 젊은 사람들을 대상으로 하는 선교를 전보다 수월하게 만들 것으로 기대된다. 가정연합의 사상에 공감하더라도 배우자 선택 방식의 특수함으로 인해 입교를 망설이는 사람들도 있었는데, 이제 그런 어려움이 없어졌기 때문이다. 또한 축복가정 2세들 중에서도 역시 배우자 선택 방식의 특수함으로 인해 전수 받은 신앙을 포기하는 경우도 있었지만, 이제 그런 문제로 신앙을 포기하는 축복가정 2세들은 없을 것이다.

---

41) 문선애는 결혼방식의 변화가 교단을 보편적으로 변화시키기보다 이미 교단이 보편적으로 변화했기 때문에 결혼방식의 변화가 불가피하게 일어났다고 분석한다. 문선애, 「통일교 축복가정자녀의 배우자 선택 유형변화와 그 의미」, 『신종교연구』 27 (2012): 283.

그런데 결혼 적령기의 2세 자녀를 둔 일부 축복가정 부모들은 자유롭게 배우자를 결정하는 새로운 방식에 어려움을 느끼기도 한다. 그들이 오랜 기간 배우자 선택을 참부모님의 중매에 의존해 왔기 때문일 것이다. 그러나 이러한 어려움은 시간이 지나면서 자연스럽게 해소될 것으로 예상된다.

두 번째 변화는 배우자 선택의 범위의 확장이다. 한학자의 지시에 의해 나이가 많은 축복가정 2세 자녀가 1세 미혼 신도와 공인된 결혼을 할 수 있게 된 것이다. 여기서 1세 신도란 교단 내에서 오랫동안 신앙생활을 해온 1세 신도일 수도 있고, 아니면 2세와 결혼하기 위해 급히 입교 해 신도의 자격을 획득한 1세 신도일 수도 있다. 이 변화는 혈통과 구원에 대한 다소의 재해석을 동반한다. 통일원리에 의하면, 축복결혼 한 부부는 원죄를 청산 받았으므로 축복가정 2세 자녀들은 원죄 없이 태어난다. 이런 이유로 지금까지 교단 내에서 축복가정 2세 자녀는 반드시 축복가정 2세 자녀들 사이에서만 결혼이 허락되었다. 그런데 2014년부터 남자 만 34세 이상, 여자 만 32세 이상의 축복가정 2세 자녀는 배우자로 결정한 1세 신도와 함께 준비된 40일 수련에 참가하는 조건을 갖추면 두 사람은 공식적으로 2세 축복결혼을 할 수 있게 되었다.[42] 이 결혼

42) 세계평화통일가정연합, 「'2세-1세간 축복' 관련한 참부모님 결정사항 공지」,

은 2세 축복결혼으로 공인된다. 1세 신도가 40일 수련이라는 과정을 통해 2세 신도와 축복결혼 할 수 있는 자격을 획득할 수 있게 된 것이다.

이 변화도 섭리적 진전에 따른 변화로서, 구원의 문을 넓히는 것이라고 설명된다. 2세 신도와 1세 신도들의 배우자 선택의 폭을 넓혀서 구원의 통로인 축복결혼에 이르는 길을 보다 수월하게 만든다는 것이다. 사실 참아버님 자신이 생전에 직접 2세 자녀와 1세 신도 몇 쌍을 중매하여 축복결혼 시킨 사례가 있었다. 그러나 이것은 더 이상 공식적인 축복결혼 제도로 정착되지는 않았다. 또한 참아버님은 서로 다른 종교, 문화, 국가, 인종 간의 "교차축복결혼"을 강조했었는데,[43] 이것은 축복가정 자녀와 가정연합 신도가 아닌 사람과의 축복결혼 가능성도 내포한 것이었다. 즉 가정연합의 축복가정 2세와 다른 종단의 미혼자가 축복결혼 할 수도 있다는 것이다. 이런 일련의 모습과 말씀은 축복결혼의 길이 점차 넓어져야 한다는 의미도 담고 있는 것 같다. 참어머님의 결정은 그것을 공식적인 제도로 만든 것이라고 볼 수 있다.

한국본부 공문, 2014. 세계평화통일가정연합, 「'2세-1세간 미혼축복'을 위한 청평 40일 수련 안내」, 한국본부 공문, 2014.

43) 『천성경』 13.1.3:10-14.

신도들의 배우자 선택의 범위가 대단히 확장된 이 변화는 배우자 선택 방법의 변화와 함께 가정연합을 결혼문화에 관한 한 보편적인 종단으로 만들어 나갈 것으로 보인다. 아직 나이 제한이 있고, 최소한의 선결 조건(40일 수련 참가)이 있지만, 이제 교단에서 배우자를 선택하는 것은 과거와 비교하면 대단히 자유로워졌다. 가정연합을 특징짓던 특수한 배우자 선택 방식이 보다 보편적인 것으로 변하고 있다.

이와 같은 변화는 혈통 개념의 재해석을 내포한다. 지금까지 축복가정 2세 자녀와 1세 신도는 원죄의 유무를 의미하는 혈통의 차이로 구분되었다. 그래서 원죄 없는 2세와 (아직 축복결혼을 하지 않아) 원죄 있는 미혼 1세의 결혼이 허락되지 않았던 것이다. 그런데 나이 제한과 선결 조건은 있지만, 그들의 결혼이 공인받을 수 있다는 것은 그들을 구분하는 혈통 개념이 재해석 되어야 함을 의미한다. 2세와 1세가 공인된 축복결혼을 할 수 있다는 것은 일정한 조건을 통과한 1세가 2세와 근본적으로, 곧 혈통적으로, 구분되지 않음을 의미한다. 그렇다면 혈통은 인간을 계층적으로 구분하는 고정된 개념이 아니라, 어떤 외적인 조건으로 보다 성화(聖化)될 수 있는 유연한 개념이 되어야 한다.

박상언은 가정연합 안에서 피가 “종교적 상징성”과 “구체적

물질성"을 모두 가지며, 혈통적 위계 현상은 "피의 물질성"에서 비롯된다고 주장한다.[44] 과연 혈통의 개념이 물질적인 피 중심으로 이해되면, 혈통이 다른 신도들 사이에는 건널 수 없는 혈통에 따른 위계가 발생하고 그 위계는 견고하게 고착될 수 있을 것이다. 그러나 축복결혼의식의 변화는 혈통의 본질이 물질적 차원이 아니라 종교적 상징임을 보여준다. 가정연합이 사용하는 혈통 개념은 처음부터 종교적 상징이었으나, 그것이 물질적인 피로 오해되는 경향이 일부 있었고 이에 따라 혈통에 따른 위계를 당연시 하는 시각이 다소 있었다.

하나님의 혈통이란 하나님과 부모와 자녀의 관계, 하나님의 주관권에 거함을 의미하며, 사탄의 혈통이란 사탄의 자녀 입장, 사탄의 주관권에 거함을 의미한다.[45] 그렇기 때문에 혈통을 중심한 구원의 문제는 생물학적인 피의 문제가 아니라, 피로 상징된 하나님과 인간의 관계 회복의 문제이다. 그래서 축복결혼이라는 의식을 통과하면 사탄의 혈통을 가진 인간이 하나님의 혈통을 가진 인간으로 재탄생 할 수 있으며, 또한 40일 수련이라는 조건을 통과한 1세는 2세와 축복결혼 할 수 있

44) 박상언, 「이원적 카리스마의 생성 구조와 착종 현상: 문선명 이후 통일교회를 중심으로」, 143.
45) 주재완, 『통일교 사상 연구 II』, 198.

는 것이다. 종교적 상징으로서의 유연한 혈통 개념은 점차 신도들 사이에 보다 평등한 문화를 형성하는데 기여할 것으로 예견된다.

7. 마치는 글

본 논문은 참아버님 성화 후 참어머님을 중심한 가정연합의 내부에서 진행되는 주요 현황과 변화들을 고찰했다. 앞에서 고찰한 내용들을 요약하면 다음과 같다.

첫째, 참아버님의 성화 후 가정연합이 처음 직면한 문제는 참부모님 양위분의 일부 자녀가 참어머님의 권위를 부정하는 모습이다. 가정연합은 책임분담의 원리와 혈통보다 전통을 우위에 두는 재해석을 통해 이 문제를 극복하고 있다.

둘째, 참아버님의 메시아적 비전 곧 지상천국 건설이라는 목표는 그의 성화 후에도 참어머님을 중심한 가정연합 안에서 지속되고 있다. 가정연합의 사상은 지상천국을 점진적으로 성취하는 것이 바로 참부모님과 가정연합의 궁극적인 목표라고 설정한다. 가정연합은 현재 이상세계 건설을 위한 동기와 동력을 계속 유지한다.

셋째, 가정연합은 참아버님의 성화 후에 헌법에 따라 움직이는 법치적인 조직으로 제도화 되고 있다. 천일국 헌법을 제정할 때 핵심 이슈는 최고 권위가 혈통에 따라 계승되는가 아니면 민주적으로 선출되어야 하는가이었다. 천일국 헌법은 기본적으로 민주적인 선출 방식 위에 혈통적인 권위 요소를 조화시키는 권위구조를 창안했다.

넷째, 참어머님이 가정연합을 이끌면서 양성평등 사상이 재조명 되고 있다. 참부모님 양위분은 동위권에 있음이 강조된다. 하늘부모님 호칭과 독생녀 개념은 이러한 흐름과 연결되어 있다. 그러나 교단 내 진정한 양성평등 문화가 정착하려면 시간이 필요해 보인다.

다섯째, 축복결혼의식에서 배우자 선택의 방법과 범위가 과거에 비해 대단히 자유스러워지고 넓어졌다. 이제 가정연합은 결혼문화에서 다른 종단과 큰 차이를 보이지 않게 되었다. 이와 함께 혈통은 유연한 상징적 개념으로 재해석 될 수 있다.

● 참고문헌

『참부모경』

『천성경』

『평화경』

『원리강론』

『통일사상요강』

고건호 엮음. 『포스트 문 시대의 통일교회』. 서울: 모시는사람들. 2014.

김민지. "유교의 음양론과 통일사상의 남녀이해에 관한 연구." 『통일사상연구』 8 (2015).

문선애. "통일교 축복가정자녀의 배우사선택 유형변화와 그 의미." 『신종교연구』 27 (2012).

문예진. "양성평등 회복의 필요성: 하나님을 하늘아버지이자 하늘어머니로 이해하기." 「천일국 시대의 참부모님의 위상과 섭리적 경륜」 천일국 학술원 창립총회 및 제1회 학술 심포지움 자료집. 2016.

박상언. "이원적 카리스마의 생성 구조와 착종 현상: 문선명 이후 통일교회를 중심으로." 『포스트 문 시대의 통일교회』. 고건호 엮음. 서울: 모시는사람들, 2014.

세계신종교학회. *Religious Movements in a Globalized World: Korea, Asia, and Beyond.* 세계신종교학회 2016 국제학술대회 자료집.

세계평화통일가정연합 한국협회 가정국. 『2세 축복을 위한 부모 매칭 가이드북』. 서울: 세계평화통일가정연합 한국협회 가정국. 2013.

세계평화통일가정연합. 「"2세-1세간 미혼축복"을 위한 청평 40일 수련 안내」. 세계평화통일가정연합 한국본부 공문, 2014.

세계평화통일가정연합. 「"2세-1세간 축복" 관련한 참부모님 결정사항 공지」. 세계평화통일가정연합 한국본부 공문, 2014.
세계평화통일가정연합. 『천일국헌법해설: 법원편』. 서울: 성화사, 2014.
손대오. 「초심으로 하나되는 원리인의 삶」. 『통일세계』 541 (2016).
안연희. 「바울의 메시아주의에 대한 탈근대 정치신학적 독해: 야곱 타우베스를 중심으로」. 『원불교사상과 종교문화』 66 (2015).
이창익. 「신종교는 언제 종교가 되는가: 통일교회에서 메시아의 죽음이 갖는 의미에 대해」. 『포스트 문 시대의 통일교회』. 고건호 엮음. 서울: 모시는사람들, 2014.
잔스추앙. 2005. 『도교와 여성』. 안동준·김영수 옮김. 서울: 창해.
장석만. 「정화된 혈통과 분할 영역의 통일을 보는 상이한 관점」. 『포스트 문 시대의 통일교회』. 고건호 엮음. 서울: 모시는사람들, 2014.
주재완. 『통일교 사상 연구 II』. 아산: 선문대학교출판부, 2014.
통일교. 『참어머님 생애노정』. 서울: 성화사, 2012.
풍우란. 『중국철학사 上』. 박성규 옮김. 서울: 까치글방, 2007.
Daly, Mary. *Beyond God the Father*. Boston: Beacon Press, 1973.
McFague, Sallie. *Models of God: Theology for an Ecological, Nuclear Age*. Philadelphia: Fortress Press, 1988.

제4장_ 세계평화통일가정연합의 신인애일체 사상[1)]

1. 시작하는 글

세계평화통일가정연합(이하 가정연합) 신학은 신과 인간의 관계를 기본적으로 부모와 자녀의 관계로 규정한다. 이 관계성을 보다 분명히 드러내고자 가정연합은 최근 '하나님'이란 호칭과 더불어 '하늘부모님'이란 호칭을 동시에 사용하고 있다.[2)] 더욱이 신은 양성과 음성을 모두 가진 분이므로 아버지나 어머니가 아니라 부모로 이해되어야 한다고 강조한다. 그러나 가정연합 신학에서 신과 인간의 관계는 부모와 자녀라는

---

1) 이 글은 2015년『신종교연구』33집에 게재된 필자의 논문을 수정 보완한 글이다.

2) 이것을 잘 보여주는 것이 가정연합 신앙을 집약한 가정맹세에서 하나님 호칭이 하늘부모님으로 바뀐 것이다. 물론 가정연합은 처음부터 '하늘부모'라는 표현을 사용해 왔다. 교단 설립 이전 창시자가 집필한『원리원본』에서부터 "하날 父母"란 표현이 대단히 많이 사용된다. 그러나 창조주의 호칭으로 '하나님'이 사용되었다. 2012년 창시자의 사후 '하나님'과 더불어 '하늘부모님'도 창조주를 부르는 호칭으로 함께 사용되기 시작하였다. 이후 공식적인 기도는 '하늘부모님'으로 시작한다.

기본 관계에 기초하되 더 긴밀하게 규정된다. 신과 인간은 일체가 되어야 하는 관계이다. 가정연합은 신과 인간의 일체 곧 신인일체를 추구하는 종교인 것이다.

가정연합은 처음부터 자신의 교리 안에 신인일체라는 표현을 많이 사용했다.[3] 그러다가 1998년부터 자신이 추구하는 신인일체의 성격을 보다 분명히 드러내기 위해 '신인애일체(神人愛一體)'라는 새로운 용어를 창안해 함께 사용하기 시작했다. 신과 인간이 사랑으로 일체된다는 문자적 의미를 갖는 '신인애일체'는 가정연합이 주장하는 독특한 '신인일체'의 의미를 담은 특수 용어이다. 가정연합의 신학은 이 용어를 사용하여 신과 인간이 부모와 자녀로서 사랑으로 일체되어야 하며, 모든 인간이 그것을 성취해야 한다고 주장한다. 신인애일체는 신과의 황홀한 합일체험을 추구하는 신비주의적인 것은 아니다.[4] 오히려 일상생활 속에서 성취되는 경지를 의미한다.

---

3) 가정연합은 한국에서 출발했지만 한국 종교사 속에서 많이 사용되는 '신인합일(神人合一)'이라는 표현보다 '신인일체(神人一體)'라는 표현을 주로 사용한다. 신인합일이라는 표현은 유교 문화권에서 오랫동안 사용되던 '천인합일(天人合一)'의 표현을 따라 만들어진 것으로 추측된다. 민족종교 중에 신인합일이란 표현과 더불어 신인일체라는 표현도 많이 사용하는 종교는 천도교이다.

4) 물론 신비주의의 넓은 의미로 볼 때 창조주를 전제하고 그와 인간의 긴밀한 관계를 추구하는 모든 유일신 종교는 신비주의 요소를 갖는다고 말할 수 있다. 그러나 여기서 말하는 신비주의는 보다 좁은 의미로서, 황홀한 신인합일 체험을 추구하며 그를 위한 비의적 수행을 강조하는 신앙을 의미한다. 이에 대해 다음을 참고하시오. 성해영, 「신비주의란 무엇인가?: 개념에 대한 오해와 유용성을 중심으로」, 『인문논총』

이러한 신인애일체 사상은 가정연합 신앙의 중심에 위치한다. 가정연합 신도들은 교단의 신앙을 집약한 가정맹세 속에서 신인애일체를 이룰 것을 항상 다짐하며,5) 미래의 세계를 신인일체의 심정세계로 전망 한다.6) 그러나 신인애일체 사상은 가정연합 내에서 갖는 비중에 비해 아직 종교계에 잘 알려져 있지 않다. 가정연합이 기독교 계통의 신종교로 분류되면서 기독교에 낯선 신인애일체라는 개념은 상대적으로 관심을 받지 못한 것 같다. 그러나 가정연합은 신인애일체를 추구하는 종교이며, 신인애일체는 그 신학을 구성하는 핵심 사상으로서 가정연합에 대한 연구에서 중요한 주제이다.

본 소고는 가정연합에 대한 연구의 일환으로 신인애일체 사상을 고찰하고자 한다. 가정연합 안에서 신인애일체 사상은 아직 하나의 독립된 주제로 체계화되어 있다기보다 창시자의 어록과 주요 교리서 속에 분산되어 나타난다. 따라서 본 소고는 필자가 분산된 내용들을 종합하여 파악한 내용들과 이에

71, 1 (2014), 164. 가정연합은 이러한 좁은 의미의 신비주의는 아니다. 다음 논문은 종교사회학적 관점에서 가정연합이 좁은 의미의 신비주의가 아님을 보여준다. 김항제, 「통일교는 신비주의(mysticism)인가?: 베버(Max Weber)의 유형론을 중심으로」, 『영성연구』 창간호 (2011), 129-148.

5) 가정맹세 8절은 다음과 같다. "천일국 주인 우리 가정은 참사랑을 중심하고 천일국시대를 맞이하여 절대신앙·절대사랑·절대복종으로 신인애일체 이상을 이루어 지상천국과 천상천국의 해방권과 석방권을 완성할 것을 맹세하나이다."

6) 『천성경』 12.3.3:8.

기초한 고찰로서, 후속연구를 위한 개론적 연구의 의미를 갖는다. 특히 최근 가정연합이 펴낸 경전들을 주요 참고 문헌으로 사용하겠다. 글의 진행은 먼저 신인애일체의 의미를 요약한 다음 그 특징들을 살펴본다.

2. 세계평화통일가정연합의 신인애일체 사상

이해의 편의를 위해 두 가지 소주제로 나누어 신인애일체의 의미를 살펴보겠다. 그 하나는 신과 인간이 심정으로 일체 되는 것이며, 다른 하나는 신과 심정으로 일체 된 인간이 신의 몸과 같이 되는 것이다.

1) 신과 인간의 심정적 일체

신인애일체(神人愛一體)의 문자적 의미는 '신과 인간이 사랑으로 일체됨'이다. 이때 사랑으로 일체됨의 구체적 의미가 중요하다. 신과 인간이 사랑으로 일체되는 구체적인 의미는 다양할 수 있기 때문이다. 예를 들어 수피즘도 신과 인간이 사랑으로 일체될 수 있다고 말하는데, 그 일체는 신비적인 신인합일의 체험이다.[7] 신인애일체 사상에서 신과 인간이 사랑으로 일체되는 것의 구체적인 의미는 심정으로 일체되는 것이다. 이것을 설명하는 논리는 다음과 같이 진행된다.

일반적으로 창조주를 긍정하는 유일신 종교들은 보통 창조주와 피조물 사이의 질적 차이를 강조한다. 가정연합 신학에서도 창조주와 인간은 기본적으로 질적인 차이가 있다. 그러나 신과 인간은 하나의 공통점을 가지며, 이 공통점에 의해 일체될 수 있다고 본다. 바로 사랑이 신과 인간의 공통점이다. 물론 신의 사랑과 인간의 사랑은 양적으로는 큰 차이가 나지만, 질적으로 같은 종류라는 것이다.

> 하나님의 사랑과 인간의 사랑이 색이 같은가 다른가 하는 것이 커다란 문제입니다. 하나님의 사랑과 인간의 사랑이 어디에서 결착되느냐? 이것이 결착하지 않으면, 신인애일체의 거점을 보지 않으면 하나님도 인간도 같이 정착할 수 없습니다. 하나님이 기뻐하는데 인간도 사랑을 통하여 기뻐하는 장이 틀린 경우에는 큰일 난다는 것입니다.[8]

---

7) 김관영, 「이슬람 신비주의 사상에 관한 연구: 수피즘(Sufism)의 본질을 중심으로」, 『동서철학연구』 20권 (2000), 297.

8) 『천성경』 12.3.3:4. 다음과 같은 내용도 있다. "그러니까 문제가 되는 것은, 하나님과 인간의 참사랑이 주체와 상대의 참사랑으로 하나되지 않으면 하나님과 인간의 참사랑이 서로 달라지기 때문에 두 방향과 목적지가 설정된다는 것입니다. 그렇게 될 때는 하나님과 인간이 바라는 절대적인 이상세계는 찾아질 수 없습니다." 『천성경』 12.3.3:9.

그렇다면 신의 사랑은 인간의 사랑과 어떻게 동질일까? 신의 사랑은 가정 안에서 부모의 사랑, 부부의 사랑, 형제자매의 사랑, 그리고 자녀의 사랑으로 나뉘어져 나타난다고 봄으로써 그 동질성을 확보한다.[9] 가정 안에 나타나는 4대 사랑(부모, 부부, 형제자매, 자녀의 사랑)은 각각 신의 사랑의 한 형태들이라는 것이다. 거꾸로 가정 안에 나타나는 4대 사랑을 종합하면 신의 사랑이 될 것이다. 신의 사랑과 인간의 사랑이 질적으로 동일한 연장선상에 있다는 말이다. 그러므로 예를 들어 인간은 직접 "자식을 낳아 사랑함으로써 '아, 하나님이 인간을 이렇게 사랑했구나.'라고 알게"될 수 있다.[10] 인간이 자녀를 사랑하는 것과 신이 인간을 사랑하는 것이 같은 종류의 사랑이기 때문에 이것이 가능하다. 만일 두 사랑이 질적으로 다른 것이라면, 인간은 자신의 사랑의 경험을 통해 신의 사랑을 이해할 수 없을 것이다.[11]

---

9) 『원리강론』은 부모의 사랑, 부부의 사랑, 자녀의 사랑의 3대 사랑을 말한다. 『원리강론』, 53. 다른 문헌들 속에는 여기에 형제자매의 사랑을 첨가하여 4대 사랑으로 말하는 것이 많다. 예를 들면 다음과 같다. "그곳[가정]에는 부모의 사랑, 부부의 사랑, 자녀의 사랑, 형제의 사랑, 이렇게 4대 사랑권, 즉 4대 심정권의 완성을 보는 것입니다." 『천성경』 13.1.2:16. 가정연합 신학에서 가정 속의 사랑은 4대 사랑으로 보는 것이 더 정확하고 일반적이며, 4대 사랑은 곧 4대 심정과 같은 의미이다.

10) 『천성경』 3.2.4:10.

11) 신의 사랑과 인간의 사랑을 연결시키는 종교적 관점들은 많다. 그러나 가정연합 신학처럼 가정 중심으로 그 의미를 해석하고 그리고 이를 통해 신인일체의

신인애일체 사상이 말하는 사랑으로 일체됨의 구체적인 의미는 심정으로 일체되는 것으로 보인다. 이 지점에서 일반적 개념인 사랑이 특수한 한국적 개념인 심정으로 해석됨으로써 신인애일체 사상에 한국적인 특성이 강하게 들어오는 것 같다. 사랑으로 일체된다는 것만 가지고는 아직 그 의미가 중의(重義)적이고 다소 모호하지만, 심정으로 일체된다고 하면 그 의미가 보다 명확해지는 것 같다. 특히 한국의 문화적 배경을 갖는 사람들에게 그럴 것이다. 가정연합 신학에서 심정은 사랑을 내포하며 사랑과 동치 되어 사용되거나 사랑보다 깊고 넓은 차원을 말할 때 사용되는 개념이다.12) 그러므로 신과 인간이 동질의 사랑으로 일체된다는 것은 신과 인간이 동질의 심정(心情)으로 일체되는 것을 의미한다. 좀 더 정확히 말하

경지로 나아간다는 주장까지 포함하지는 않는 것 같다. 예를 들어 기독교 해방신학자 구티에레즈는 신의 사랑은 인간들 사이의 사랑으로 화육(化肉)되므로, 인간을 사랑하는 것은 신의 사랑을 실천하는 것이라고 본다. 이 입장은 가정연합 신학과 유사함을 갖는다. 그러나 가정을 중심으로 인간의 사랑을 해석하거나 이를 통해 신과 일체된다는 전망은 없다. 구티에레즈, 『해방신학』, (서울: 분도출판사, 1990), 225. 구티에레즈는 신의 사랑과 인간의 사랑을 연결하여 사회적 차원에 적용한다.

12) 가정연합 신학에서 심정은 모든 존재에게 사랑을 내포한 가장 본질적인 차원이다. 다음 인용문은 이것을 잘 보여준다. “그러므로 심정이 사랑보다 더 전체의 중심입니다. 심정은 사랑의 과정을 거친 결과적인 입장과 같은 것입니다. 그래서 심정은 입체적인 세계의 중심입니다. 그러므로 가정연합회는 지금까지 사랑의 세계보다 심정의 세계를 창건하자고 주장해 온 것입니다.” 『천성경』 1.2.1:16.

면, 심정으로 일체되는 것은 사랑으로 일체됨의 의미를 포괄하되 더 넓고 깊은 의미를 갖는다. 한국인의 심리현상과 인간관계를 이해할 때 사용되는 심정 개념이 가정연합 안에서 신학화 되었다. 신의 사랑과 인간의 사랑이 동질이라는 것은 신의 심정과 인간의 심정이 동질이라는 것이며, 신의 사랑이 가정에 나뉘어서 나타난다는 것은 곧 신의 심정이 가정에 나뉘어서 나타난다는 것을 의미한다. 신의 심정은 가정 안에서 부모의 심정, 부부의 심정, 형제자매의 심정, 자녀의 심정으로 나뉘어 나타난다. 이 네 가지 심정의 세계는 "사대심정권(四大心情圈)"이라고 불린다.[13]

한국문화 속의 심정 개념과 가정연합 신학에서 사용되는 심정 개념은 기본적으로 연장선상에 있되, 종교적으로 심화되고 확장되어 사용된다고 볼 수 있다. 한국인의 심리를 연구하는 토착심리학자들에 의하면, 심정현상은 한국문화의 독특한 요소이다.[14] 심정은 간단히 말해 정서를 중심한 진정한 속마음으로서, 교감될 수 있고, 심정이 교감되면 서로 배려하고 위해주는 일심동체 의식이 발생한다. 한국인들은 인간관계 속에서

---

13) 『평화경』 10.7:1541.

14) 최상진·김기범, 『문화심리학: 현대 한국인의 심리분석』 (서울: 지식산업사, 2012), 제3장 「한국인의 심정을 읽으면 한국인이 보인다」 참조.

이러한 심정과 심정의 교감을 대단히 중요시한다. 가정연합 신학은 이와 같은 한국문화 속의 심정현상을 존재론적으로 인식론적으로 신과 인간에게 적용한다. 신의 가장 깊은 본질은 심정으로 규정되며, 따라서 신으로부터 창조된 인간의 본질도 심정으로 규정되고, 그 결과 신과 인간의 가장 본질적인 관계 방식은 심정적 관계가 된다.[15] 심정적으로 상호 교통한다는 것은 인식론적인 차원이다. 그러므로 신도 인간처럼 심정을 가지며, 인간과 서로 심정을 교감하고, 심정의 공감을 통해 신과 인간이 일심동체가 되어 서로를 위해준다고 이해된다. 이것이 신과 인간이 심정적으로 일체된다는 것의 의미이며, 곧 신인애일체 사상이 말하는 신과 인간이 사랑으로 일체되는 것의 의미이다.

인간과 인간이 심정의 공감을 통해 일심동체가 되는 것과 신과 인간이 심정의 공감을 통해 일심동체가 되는 것을 동일한 구조로 파악하고 있다. 다만 신과 인간의 일심동체는 인간끼리의 일심동체처럼 마음으로만 일체되는 심리적 일체만은 아닌 것 같다. 심정으로 일체되면 신이 임재한다는 의미가 내

15) 이런 관점에서 가정연합 신학은 신과 "심정적으로 연결된 사람이 [신을] 믿는 사람보다 앞선다."고 말한다. 세계기독교통일신령협회, 『뜻길』 (서울: 성화사, 1991), 225.

포되어 있다.[16] 그래서 후술되듯이 신의 성전이 되는 것과, 신과 함께 생활한다는 의미가 가능하다. 그러나 신의 임재를 의식적으로 체험하라고 강조하지는 않는 것 같다. 만일 이것이 강조되면 그것은 곧 신비한 신인합일의 체험을 추구하는 신비주의가 될 것이다. 신인애일체에서 일체의 본질은 심정의 일체이며, 심정이 일체되면 의식하지 못하더라도 자연히 신이 임재하여 함께 할 것이라는 믿음이 전제되어 있는 것 같다. 그러나 신의 임재에 대한 의식 또는 체험을 현실적 이유에서 또는 원론적 차원에서 차단하지는 않는 것 같다. 그러한 의식과 체험은 가능하고 또 허용된다. 다만 그 의식과 체험이 목적이 아니라 그런 의식과 체험이 있으면 그에 기초해 현실 속에서 보다 심정적인 삶을 사는 것이 신앙의 본질로 여겨진다.

종교철학적으로 볼 때, 이와 같이 신과 인간이 심정적으로 일체되는 것은 양자가 존재론적으로 혼합되거나, 동일하게 되거나 또는 어느 한쪽이 다른 쪽으로 흡수되는 것이 아니다. 신의 심정에 공명됨으로써 인간이 신의 뜻을 알고, 그것을 자신의 의지로 실천하는 것이다. 신과 인간은 존재론적으로 구분되지만, 인식론적으로 양자의 심정이 공명함으로써 하나의 마음을 가진 하나의 유기체와 같게 되는 것이다. 신인애일체의

16) 『천성경』 1.1.3:15.

지평 위에 신과 인간은 모두 필요하며,[17] 둘을 하나로 만들 수 있는 내적 기제(機制)가 확보된다.

이런 관점에서 보면 신과 인간의 심정적 일체를 성취하기 위해서는 자연히 가족들 사이의 심정 체휼(체험)[18]이 결정적으로 중요해진다. 신비주의적인 신인합일의 체험을 위해서는 특수한 지식과 수행의 방법이 요청될 것이다. 그러나 신인애일체를 위해서는 일상과 구분된 특별한 수행이 아닌 오히려 일상생활 속에서 가족 구성원들 사이에 원숙한 사랑의 심정을 교류하는 체험이 필요하다. 가정 안에 나타나는 4대 심정들은 신의 심정을 구성하는 요소들이기 때문에, 인간이 가정 안에서 보다 이상적인 4대 심정들을 체험할수록 신의 심정을 보다

17) 가정연합의 신학의 개성진리체 개념은 이 결론을 좀 더 강화하며, 동시에 모든 인간이 신인애일체를 이루어야 함을 내포할 수 있다. 모든 인간은 신으로부터 유래한 독특한 개성(個性)을 가진 존재 "유일무이(唯一無二)한" "개성진리체(個性眞理體)"이다. 신은 자신이 부여한 독특한 개성을 지닌 인간들과 하나됨으로써 그들로 인한 독특한 기쁨을 느낀다. 따라서 신인애일체는 존재론적으로 인간 자아가 없어지는 것을 함의할 수 없으며, 동시에 개성진리체로서의 모든 인간이 성취해야 할 목적임을 의미한다. 『원리강론』, 27, 224. 『통일사상요강』, 176, 246. 다만 자아가 신의 뜻에 공명함으로 인해 이기심이 없다는 의미에서 자아가 없다는 은유적 표현을 사용할 수는 있을 것이다.

18) 가정연합의 신학은 심정을 체험하는 것을 '체휼(體恤)한다'고 표현한다. 그러나 국립국어원이 제공하는 한국어 사전에 따르면, '체휼하다'의 원래 의미는 "처지를 이해하여 가엾게 여기다."이다. <http://www.korean.go.kr/> 가정연합 신학에서 체휼이란 단어는 사전적 의미와 다소 다르게 사용되는 것 같다. 본 소고에서는 일반적인 표현인 체험을 사용하겠다.

깊이 헤아리고 공감할 수 있게 된다는 논리이다.

> 인간은 성장기간을 통해서 하나님의 사랑을 체득하되 첫째는 자녀의 심정, 둘째는 형제의 심정, 셋째는 부부의 심정, 넷째는 부모의 심정, 이렇게 네 단계로 체득하는 것입니다.[19)]

부모의 경우를 다시 예로 들어보자. 인간은 자신이 부모가 되어 부모의 심정을 체험하면, 인간을 자녀로 대하는 신의 심정을 보다 깊이 헤아리고 공감할 수 있게 된다. 신의 심정은 사랑하는 자녀를 잃어버리고 고통과 슬픔 가운데 있는 부모의 심정이다. 신의 심정과 공감한다는 것은 백지상태에 있는 인간에게 갑자기 신의 심정이 신비스럽게 전달된다는 것이 아니다. 인간이 자신의 심정 체험에 기초하여 신의 심정을 헤아림으로써 자신도 신의 심정을 공감하는 것이다. 그렇기 때문에 인간이 부모의 심정 세계를 체험하지 못하면, 신의 심정을 제대로 알지 못하고 신과 심정적으로 일체 되기 어렵다. 부모의 심정을 체험한 인간은 인류의 부모인 신의 심정을 알 수 있고 자신의 것으로 느낄 수 있다. 그러므로 인간은 탄생해서 성장하면서 가정에서 자녀의 심정, 형제자매의 심정, 부부의 심정, 부모의 심정을 점차로 체험하며 성장함으로써 그 모두를 종합

---

19) 『문선명선생말씀선집』 271:75.

한 것과 같은 신의 심정을 점점 더 깊이 헤아릴 수 있고 점점 더 나의 것으로 공감할 수 있다고 보는 것이다.[20]

이 이해는 가정연합 신학의 성장기간과 책임분담 개념을 전제한다. 『원리강론』에 의하면 인간은 성장기간 동안 반드시 자유의지로 스스로 책임을 다함으로써 완성의 경지에 이르게 되어 있다.[21] 여기서 완성의 경지란 곧 신인애일체의 경지이며, 완성한 인간이란 신인애일체를 완성한 인간을 의미한다. 그러면 인간은 성장기간 동안 자신의 가정의 일상생활 속에서 4대 심정을 체험하면서 신인애일체를 완성해 나가야 한다고 말할 수 있다. 결국 가정은 신인애일체를 위한 수행과 훈련의 핵심적 장이 된다. 세계평화통일가정연합 신학은 가정에서 4대 심정을 이상적으로 훈련한 사람은 가정 밖의 사회에서도 타인을 위하는 사랑을 잘 실천할 수 있다고 본다.

> 아기로 지음 받은 아담과 해와는 성장하면서 참된 자녀의 심정, 참된 형제의 심정, 참된 부부의 심정, 참된 부모의 심정을

---

20) 나아가 가정연합의 신학은 조부모의 심정을 체험하는 것도 인간의 심정적 성숙에 필요하다고 본다. 가정연합의 신학에 의하면 신은 아담 해와의 자녀 즉 손자손녀와 사랑을 나누기 원한다. 이것은 신이 조부모의 심정도 가지고 있음을 의미한다. 따라서 인간이 신의 심정을 보다 온전히 이해하려면 조부모의 심정을 체험하는 것도 요청된다. 기존의 4대 심정의 틀로 보면 조부모의 심정은 원숙한 부모의 심정이라고 볼 수 있을 것이다. 『천성경』 3.2.1:1-7.

21) 『원리강론』, 60.

단계적 생활을 통해 경험하고 체휼함으로써 완성하게 되어 있었습니다. 하나님의 참사랑을 전체적으로 체득할 때 비로소 창조목적을 완성한 이상적인 인간이 되는 것입니다.[22]

이와 같이 인간이 4대심정권을 체험하면서 신인애일체를 향해 나간다고 하면, 신인애일체는 현실 속에서 정태적 개념이라기보다 과정적 개념으로 이해하는 것이 더 적당해 보인다. 즉 인간의 성장의 정도에 따라 신인애일체의 정도도 성숙해 간다고 이해하는 것이다. 인간은 4대 심정을 다 체험했다 하더라도 현실 속에서 그 누구도 자신이 완전히 신과 같은 심정의 경지에 도달했다고 말하지 못한다. 그리고 만일 신인애일체를 결승선을 통과하듯이 성취되는 성격의 것으로 이해한다면, 그 이전의 인간은 신과 심정적 관계를 맺지 못한다는 의미도 가질 수 있다. 따라서 신인애일체는 인간의 삶의 전 과정을 통하여, 그리고 영계(靈界)에서도, 지속적으로 완성을 향해 높아진다고 이해하는 것이 이론적으로도 경험적으로도 보다 타당해 보인다.

그런데 신인애일체는 신과 인간 개인의 일체가 아닌 신과 인간 부부의 일체를 의미한다. 이것은 음양의 개념을 내포한 가

22) 『천성경』 3.2.3:47.

정연합의 신관과 인간관에 따른 상당히 독특한 주장이다. 가정연합의 신학에서 신은 양성과 음성의 본성을 동시에 가지며, 자신의 두 성품을 분리하여 인간 남자와 여자를 창조했다.[23] 따라서 남자와 여자는 각각 신의 성품의 반쪽만을 닮았다. 그 결과 남자 혼자 또는 여자 혼자는 신과 온전히 일체되지 못한다. 서로 심정적으로 일체되어 음양의 조화를 이룬 부부가 되어야 음양의 본성을 가진 신과 온전히 닮게 되고 일체가 될 수 있다.[24] 신의 온전한 대상은 부부이며, 부부 단위로 신인애일체를 성취한다. 그러므로 신인애일체란 신과 남편과 아내 셋이 모두 심정적으로 일체가 됨을 의미한다. 『원리강론』은 신과 완성한 인간 부부의 일체를 "삼위일체"라고도 부른다.[25] 이런 관점에서 보면 결혼은 신과 인간이 일체되기 위한 필수적인 거룩한 과정이다. 신과 부부가 일체된다고 보는 신인애일체 사상은 강력하게 양성 평등의 입장을 함축한다.

부부를 하나의 단위로 만드는 부부의 사랑은 신인애일체에

---

23) 『원리강론』, 22, 47. 만일 남성 여성이 신의 본질로부터 유래하지 않았다면, 논리적으로 신과 하나 되기 위해서 남성 여성이 반드시 하나의 단위를 이루어야 할 필연적 근거는 없거나 약할 것이다.

24) 가정연합의 신학은 이것을 정분합(正分合)작용이라고 개념화 시켰다. 양성과 음성이 조화된 신은 정(正), 양성과 음성의 분립된 실체로서 남편과 아내가 분(分), 그리고 신을 중심으로 다시 일체된 부부가 합(合)이다. 『원리강론』, 34.

25) 『원리강론』, 237. 기독교의 삼위일체와 단어는 같지만 다른 개념이다.

서 특별히 중요해 보인다. 부부의 심정적 일체는 다른 심정적 관계와 달리 성(性)적인 사랑에 기초한 일체를 포함한다. 그리고 성적인 사랑은 자녀를 잉태하고 탄생시켜 가정을 형성하게 한다. 가정연합의 신학은 인간 부부가 심정적으로 온전히 일체되려면 부부의 성적인 사랑도 경험할 수 있어야 한다고 본다. 일부 종교에서 부부의 성적인 사랑은 인간의 삶에서 필수적인 것이 아니며 신을 추구하는 경건함을 위해 포기할 수도 있는 것이다. 그러나 가정연합의 신학에 의하면 부부의 성적인 사랑은 신이 설계한 것으로서, 신인애일체라는 창조목적을 이루기 위해 반드시 필요한 삶의 요소이다. 신을 중심한 부부가 성적인 사랑을 통해 일체가 되고 자녀를 낳아 가정을 형성하면, 인간은 가정생활을 통해 성장하면서 4대심정권을 체험하며 신인애일체를 향해 나아간다. 이런 관점으로 보면 부부의 성적인 사랑은 신인애일체의 중심이며 출발점이라고 말할 수 있다.

2) 신과 인간은 마음과 몸의 관계

신과 심정적으로 일체된 인간은 어떤 모습일까? 신과 심정적으로 일체된 인간은 신의 심정에 공감하므로 자연히 신의 뜻에 따라 생활을 할 것이다. 『원리강론』은 이런 인간이 "하나님과 일체가 되어 그의 심정(心情)을 체휼함으로써 신성(神性)을 갖게 되어 하나님과 불가분(不可分)의 생활"을 한다고 말한다.[26] 가정연합의 신학은 이와 같이 일체된 신과 인간을 주로 마음과 몸의 관계라는 유비로 설명한다. "하나님과 완성한 인간 사이에도 이성성상적인 관계가 있으므로, 이 관계는 인간의 마음과 몸과의 관계로 비유할 수 있는 것이다."[27] 신인애일체를 이루면 신은 마음과 같고 인간은 신의 몸과 같이 된다. 마음이 의도한 내로 몸이 움직이듯이, 신의 심정이 인간에게 공명되면 인간은 신의 의도를 따라 선한 생활을 하게 된다.[28]

이렇게 신의 심정을 항상 느끼며 신의 뜻대로 생활하는 사람에게 신은 그 사람의 마음과 같고, 그 사람은 신의 몸과 같은 관계를 갖는다고 보는 것이다. 이 관계성은 인간이 육신을 벗고 영계(靈界)에 가서도 역시 지속된다.[29] 가정연합 신학은 마음과 몸의 관계라는 유비와 더불어 종교사에서 전통적으로 많이 사용되어 온 성전(聖殿)의 비유도 함께 사용한다. 신과 일체된 인간은 "하나님의 성전(聖殿)이 되어 그와 일체를 이루기 때문에, 신성

---

26) 『원리강론』, 153.
27) 『원리강론』, 224.
28) 『원리강론』, 61.
29) 『천성경』 4.1.1:8.

(神性)을 가지게 되어 하나님의 심정을 체휼함으로써 그의 뜻을 알고 그대로 생활하게 된다."[30] 단 아래와 같이 마음과 몸의 유비가 더 중요하게 그리고 본질적인 의미를 담아서 사용된다.

그런데 가정연합 신학에 의하면, 신은 단순히 수동적으로 인간이 자신에게 다가오기만을 기다리지 않는다. 신은 능동적으로 신인애일체를 이룬 인간을 자신의 몸으로 삼는다. 후술되듯이 이것이 신의 창조목적이기 때문이다. 신도 신인애일체를 이루려고 한다. 그래서 가정연합 경전에는 신이 신인애일체를 이룬 인간의 몸을 입는다, 몸을 쓴다는 표현, 또는 몸의 한자(漢字)인 체(體)를 사용하여 체를 입는다, 체를 쓴다는 표현이 많이 나온다. 같은 의미로 실체를 입는다, 실체를 쓴다는 표현도 많다.[31] 그런데 신인애일체는 신과 부부가 일체되는 것이므로, 신은 당연히 일체된 부부를 자신의 몸으로 삼는다. "남성의 체만도 아니요 여성의 체만도 아닌, 아담과 해와 두 사람의 체를 입고…."[32] 이 문장에서 아담과 해와는 아담

30) 『원리강론』, 46-47.

31) 가정연합 신학이 이 주제와 관련하여 사용하는 '실체'라는 단어는 단순히 '실제로 체(體)가 있음'만을 의미하는 것으로 보인다. 『통일사상요강』, 46. 철학에서 사용되는 전문용어로서의 '실체'의 특수한 의미는 없다. 일반적으로 철학에서 실체의 의미는 '변하지 않고 일정하게 지속하면서 사물의 근원을 이루는 것'이다. 철학사전편찬위원회, 『철학사전』(서울: 중원출판사, 2009).

32) 『천성경』 13.1.2:4.

과 해와 자신뿐만 아니라 인간 남자 여자 일반을 의미한다고 판단된다. 인간이 신의 몸, 성전이라는 비유는 다른 종교들 속에서도 많이 나타났지만, 신이 자신과 심정 일체된 인간 부부를 자신의 몸으로 입는다는 주장은 새롭다.

가정연합 신학은 더 나가서 신인애일체를 이룬 인간을 제2의 신, 보이는 신, 유형의 신, 실체의 신 등으로도 부른다.[33] 다음의 인용문들을 보자. "아담 해와는 하나님의 몸입니다. 아담 해와는 보이는 하나님입니다."[34] 신과 부부가 일체되므로 부부가 함께 제2의 신이 된다. "하나님이 완전한 하나님이라면 아담과 해와는 반쪽의 하나님입니다. 아담도 반쪽의 하나님, 해와도 반쪽의 하나님입니다."[35] 이런 맥락에서 보면 신인애일체를 이룬 인간은 마치 무형의 신이 유형의 신으로 현현하는 의의를 가질 것이다. 신의 입장에서 보면, 무형의 신은 능동적으로 신인애일체를 이룬 인간을 자신의 몸으로 삼아 유형의 신으로 현현하고자 하는 것이 된다. 가정연합 신학에서도 신이란 용어는 근본적으로 창조주 신을 의미하지만, 신과 일체되어 신의 의지와 신적인 가치를 드러내는 사람도 신으로 부르겠다는 입장이다.

---

33) 『원리강론』, 229.
34) 『천성경』 1.3.1:4.
35) 『천성경』 4.1.1:12.

이러한 표현은 사실 종교권에서 인간을 신격화한다는 오해를 불러 올 수도 있는 조심스러운 것임에도 불구하고 가정연합 신학은 대담하게 사용하고 있다. 그러나 가정연합 신학에서 이 표현은 인간이 신 자신이 된다는 의미는 아니다. 신과 심정적으로 일체된 인간이라는 의미이다. 무형의 신이 유형의 신으로 현현한다는 표현도 예를 들어 기독교의 화육(化肉) 개념과 다르다. 기독교에서 성자 신은 인간 예수로 화육하며, 예수는 존재론적으로 신과 동일한 본질을 갖는 신 자신이지만, 신인애일체 사상에서 유형의 신이란 표현은 신과 심정적으로 일체된 인간을 의미하는 은유이다. 가정연합 신학은 제2의 신이란 표현을 사용할 때 그 의미를 명확히 함으로써 오해와 혼동을 초래하지 않도록 유의할 필요가 있어 보인다.

신이 완성한 인간 부부를 자신의 몸으로 삼는 목적은 두 가지로 요약되며, 이것은 곧 신의 창조목적으로 이해된다. 첫째는 "실체세계와 자유자재로 교통하고 작용"하는 것이며, 둘째는 사랑을 완성하는 것이다.[36] 첫 번째 의미는 무형의 신과 유형의 피조세계가 직접 관계 맺기 어려우므로, 신은 일체된 인간을 자신의 몸으로 삼아 그 인간을 통해 유형의 피조세계를 유형의 방법으로 주관하고 그와 상호작용 한다는 것이다.

36) 『천성경』 13.1.2:4-5.

> 하나님 창조의 최후 목적은 체를 쓰는 것입니다. 실체세계를 주관하기 위해서는 무형의 하나님으로는 안 되기 때문에 만민의 아버지로서 어머니로서 체를 쓰고 나타나야 합니다. 감각기관을 가지고 자극을 느낄 수 있는 주체와 대상으로 서기 위해서는 체를 입어야 됩니다.[37]

이 주장은 무형의 신은 유형의 피조세계와 온전히 관계 맺고 주관하지 못한다는 논리적 전제를 갖고 있다. "체를 입지 않은 무형의 하나님만으로는 유형실체세계를 상대하는 데 한계가 있기 때문입니다."[38] 그런데 이 전제가 가정연합 신학의 체계 내적으로 보다 설득력을 갖추려면, 창조주 신이 왜 유형의 피조세계와 직접적으로 관계 맺지 못하는지에 대한 설명이 필요해 보인다. 자신이 창조한 대상들과 어떤 조건 없이는 충분히 관계 맺지 못하는 신 개념이란 일반적인 관점으로 볼 때 이해가 어려울 수 있기 때문이다. 필자의 관점으로 볼 때, 무형의 신이 실체의 몸을 입어야 실체의 피조세계와 온전히 관계 맺을 수 있다는 것은, 정말로 신이 실체의 몸이 없으면 실체의 피조세계를 주관할 수 있는 능력이 없다는 의미가 아니라, 신이 실체의 몸을 입고 그를 통해 피조세계와 관계 맺기를

37) 『천성경』 4.1.1:4.
38) 『천성경』 7.1.4:14.

스스로 원한다는 의미로 해석되어야 할 것 같다.

두 번째 의미인 사랑의 완성이란 신의 양성(兩性)의 분립된 실체인 부부가 성(性)적인 사랑으로 하나 될 때 신도 그 자리에 함께 함으로써, 신과 부부가 함께 자녀를 낳아 함께 부모가 되는 것이다. 신과 하나 된 부부가 잉태하고 낳은 자녀는 곧 신 자신이 잉태하고 낳은 자녀라는 의미와 가치를 갖는다는 것이다. 가정연합 신학은 이런 의미에서 신을 종적인 부모, 인간 부부를 횡적인 부모라고 부르며, 종적인 부모와 횡적인 부모가 하나 돼서 자녀를 번식하는 것이 사랑의 완성이라는 신의 창조목적이라고 말한다. "하나님은 종적인 참사랑의 부모이고, 성숙된 아담 해와는 횡적인 참사랑의 부모입니다."[39] 가정연합 신학은 혈통이라는 상징을 이와 같은 신과 인간의 관계에 사용하기도 한다. 즉 신과 부부가 함께 인간을 낳는다는 의미에서 인간은 부모의 혈통과 더불어 더 근원적으로 신의 혈통을 이어받은 신의 자녀라고 표현된다. 신의 혈통이란 신과 친부모와 친자식의 관계라는 것을 의미한다.[40] 사랑의

---

39) 『천성경』 1.2.3:21.

40) 가정연합의 신학은 혈통으로 죄와 구원도 설명한다. 인간의 죄란 신의 혈통을 잃은 것이며, 구원이란 신의 혈통을 회복한 것이다. 가정연합의 신학에서 혈통이란 상징은 대단히 중요하게 사용된다. 예를 들어 『원리강론』은 다음과 같이 말한다. "그러므로 하나님의 복귀섭리(復歸攝理)의 목적은 이와 같이 하나님과 혈통관계가 끊어진 타락인간을 복귀시켜 가지고, 하나님 직계의 혈통적 자

완성이라는 것의 확대된 의미는 신이 전 인류의 혈통적인 친부모가 되는 것으로도 표현될 수 있다.

가정연합 신학은 이와 같은 신인애일체 사상에 입각해 다음과 같이 메시아의 정체성을 규정한다. 메시아는 신인애일체를 이룬 첫 인간 시조 부부로서, 신의 대표적인 몸이다.41) 신은 피조세계 전체에 대한 자신의 공적(公的)인 의지를 드러낼 때, 신인애일체를 이룬 첫 인간 시조 부부 곧 메시아를 통해서 드러낸다는 것이다. 그러므로 피조세계에 대한 신의 공적인 주관은 메시아의 주관이라는 형태로 나타난다고 본다.42) 가정연합 신학은 원래 아담과 해와가 인간 시조로서 신인애일체를 이루어 신의 대표적 몸이 되어야 했으나, 그들이 타락하여 그것을 이루지 못하였으므로 메시아가 새로운 인간 시조 입장에서 그것을 이루어야 한다고 말한다. 메시아의 사명은 전 인류를 신인애일체의 길로 인도하는 것이다. 모든 인간들이 신인애일체를 이루어 신의 몸이 되는 것이 신의 창조목적이다.43)

녀로 세우시려는 데 있는 것이다." 『원리강론』, 396.

41) 『천성경』 1.3.2:12. "하나님이 나타나기 위해서는 체를 입어야 할 텐데, 그 체를 입는 대표가 아담 해와입니다."

42) 『평화경』 10.9:1558.

43) 『천성경』 4.1.5:11.

3. 신인애일체 사상의 특징

신인애일체 사상의 특징으로 다음을 말할 수 있을 것 같다. 첫째, 한국문화의 심정 개념을 기본적인 해석의 틀로 사용하는 한국적인 종교사상이다. 둘째, 정(情)을 중심으로 신과 세계를 이해하는 주정주의(主情主義)이다. 셋째, 부부와 가정을 기반으로 신과 인간의 관계를 규정한다. 넷째, 성속(聖俗)일치를 함의한다. 다섯째, 신인일체에 초점을 둔 인간존중 사상을 함의한다. 각각의 특징을 차례로 살펴보자.

첫째, 신인애일체 사상은 한국문화의 심정 개념을 기본적인 해석의 틀로 사용하는 한국적인 특성이 강한 종교사상이다. 신과 인간이 심정적으로 일체된다는 관념과 언어적 표현은 인간들 사이에서 심정적 일체가 중시되고 경험되는 문화로부터 나올 수 있다. 심정과 관련된 한국문화 속의 개념들 예를 들면 정(情), 한(限), 해원(解冤) 등도 심정의 범주에 포괄되어 중요하게 사용된다. 예를 들어 신의 심정은 사랑하는 자녀를 잃어버린 부모의 심정보다 더 고통스럽고 한(恨)이 깊다, 신은 인간들이 그러한 심정을 알아주고 공감하고 위로하며 그 한을 해원해 주기를 바란다, 신과 인간은 심정이 통하면 일체가 된다는 등의 주장들은 한국의 심정 문화를 그대로 적용하여 신인 관계를 이해한 것이다. 따라서 심정을 중심한 한국문화를 모르면 신인애일체 사상을 이해하기 어렵다. 실제로 필자의 경험으로 볼 때, 한국의 심정 문화를 모르는 가정연합의 외국 신도들은 심정 문화에 기초한 교리를 충분히 이해하고 실천하는데 어려움을 겪는다.

한국에서 발생한 신종교인 가정연합이 한국문화적인 요소를 갖는 것은 당연하다. 가정연합의 창시자는 신에 대한 자신의 종교적 경험을 자신의 문화적 배경인 한국문화 속의 심정이란 틀로 해석하여 교리를 정립한 것이라고 볼 수 있다. 한국에서 출발한 가정연합은 자연히 다양한 한국문화적인 특성을 가질 것이다. 그러나 가정연합의 신학을 한국적이라고 말할 때 가장 큰 한국적인 점은 한국의 심정 문화가 해석의 기본 틀이 된다는 점이라고 생각된다. 이 이해는 다른 한편으로 가정연합이 한국의 심정 문화라는 특수한 해석의 틀을 인류 보편적인 공통의 가치로 만들어야 하는 과제를 가지고 있음을 의미한다.

한국의 심정 문화는 한국에서 발생한 몇몇 다른 신종교에도 부분적으로 반영되어 나타나는 것 같다. 예를 들면, 동학 창시자의 종교적 체험 가운데 나타나는 '오심즉여심(吾心卽汝心)'이라는 관념은 신과 인간이 마음이 통함으로써 일체되는 경지를 의미한다고 볼 수 있는데,[44] 이것은 심정 일체와 맥락이 통한다. 또한 증산계 신종교의 핵심 교리에 포함된 '해원(解冤)' 개념도 한(恨)의 심정을 해원한다는 의미로 해석될 수 있을 것이다.

둘째, 신인애일체 사상은 신과 인간과 자연을 이해할 때 지정의(知情意) 중에서 정(情)의 역할을 가장 상위에 두는 주정주의(主情主義)의 일종이다. 종교가 신과 인간과 자연을 이해하는 관점은 크게 지(知)의 역할을 가장 상위에 두는 주지주의(主知主義)와 의(意)의 역할을 가장 상위에 두는 주의주의(主意主義) 그리고 정(情)의 역할을 가장 상위에 두는 주정주의로 나뉠 수 있다. 예를 들어 기독교 역사에서 토마스 아퀴나스는 대표적인 주지주의자이며, 둔스 스코투스는 주의주의자이고,[45] 정념의 신을 말하는 유대교의 예언자들과 사랑으로 신과 합일하려는 이슬람 신비주의자들은 주정주의자들로 볼 수 있다.[46] 그 가운데 가장 큰 흐름은 이성을 중심한 주지주의였다. 이러한 경향 속에서 신인애일체 사상은 정(情)을 중심으로 신과 인간과 자연을 이해한다.

---

44) 성해영도 오심즉여심을 신인합일의 경지로 해석한다. 성해영, 「수운 최제우(水雲 崔濟愚) 종교체험의 비교종교학적 고찰: '체험-해석틀'의 상호관계를 중심으로」, 『동학학보』 18 (2009): 286-287.

45) 스털링 P. 램프히트, 『서양철학사』, 김태길 외 옮김 (서울: 을유문화사, 1996), 274.

46) 아브라함 J. 헤셸, 『예언자들』, 이현주 옮김 (서울: 삼인, 2004), 354-355.

심정이란 정(情) 영역의 가장 근원적인 차원으로서, 신과 인간과 자연의 동기이며, 과정에 동반되고, 결과가 된다. 신의 가장 중심적 본질은 심정으로서, 창조의 동기도 심정이며, 구원섭리 배후에도 신의 심정이 있다고 설명된다. 인간의 가장 깊은 본질도 심정으로 규정된다. 그래서 인간은 신과 심정적 교감을 통해 일체될 수 있다는 결론이 가능한 것이다. 자연도 심정적 관계를 가질 수 있다. 가정연합 신학에 의하면, 피조세계의 모든 존재들은 성상(정신적 측면)과 형상(에너지적 측면)을 동시에 가지므로,[47] 동물, 식물, 광물 세계의 모든 존재자들도 각각 수준은 다르지만 정지의(情知意)의 정신적 차원을 가지며, 정(情)의 중심에 심정이라는 본질을 가질 수 있다. 그러므로 신과 인간과 자연은 모두 서로 심정을 교감하는 관계가 될 수 있다. 신인애일체 사상은 정서를 기초로 신과 피조세계의 모든 존재들을 이해하고 있다.[48] 정지의의 작용은 심정이 동기가 되면, 그 방향으로 지(知)가 작동하고, 의(意)가 결단하여 실행한다고 이해된다.

---

47) 『원리강론』, 23-24.

48) 신인애일체 사상이 주정주의 입장을 취한다고 해서 지성을 무시하거나 경시하는 것은 아니다. 가정연합은 지성도 강조하여 인간의 구원을 무지(無知)에서 지(知)에로 나아가는 것으로 정의한다. 『원리강론』 4,9.

이렇게 정서를 중심한 신인애일체 사상은 기독교사에서 이성과 무감각을 중심으로 신의 본질을 규정하던 전통과 다른 모습이다. 그러나 최근 많은 기독교 신학자는 그러한 전통을 반성하고 피조물의 고통에 동참하는 정서적 신을 추구하는 경향이 강해졌다.49) 신은 인간으로 말미암아 정서적인 영향을 받아야 하며 나아가 인간과 동고동락해야 한다는 이해가 확산되고 있다.50) 이러한 신 이해는 신인애일체 사상의 신 이해와 가깝다.51) 다만 신인애일체 사상은 신이 인간의 심정에 공감하는 것보다, 인간이 신의 심정에 공감하여 그 한을 해원해야 하는 것을 보다 강조하는 차이를 보인다. 신인애일체 사상과 유사한 관점을 갖는 현대의 주정주의 철학도 등장했다. 신인애일체 사상에서 자연도 정(情)에 기초해 이해될 수 있는 근거는 모든 실재들이 성상(정신성)과 형상(에너지성) 양면을

---

49) 마이클피터슨 외, 『종교의 철학적 의미』, 하종호 옮김 (서울: 이화여자대학교 출판부, 2009), 119.

50) 무감각한 신을 넘어서려는 선구자적인 예로 다음을 생각할 수 있다. 가조 기타모리, 『하나님 아픔의 신학』, 박석규 옮김 (서울: 양서각, 1987). J. 몰트만, 『십자가에 달리신 하나님』, 김균진 옮김 (서울: 서울신학연구소, 1995).

51) 재미 한국인 신학자 Andrew Sung Park은 한(恨) 개념으로 신과 죄를 설명한다. Andrew S. Park, *The Wounded Heart of God: The Asian Concept of Han and the Christian Doctrine of Sin* (Nashville: Abingdon Press, 1993). 한국의 토착화 신학자 박종천은 심정 개념을 사용해 기독교 조직신학을 재구성 한다. 『하나님 심정의 신학: 교회교훈학으로서의 조직신학』 (서울: 기독교서회, 2012).

동시에 갖기 때문이다. 최근 철학계에서 정신과 물질을 이분화 시키지 않는 화이트헤드의 일원론적 유기체적 세계관이 관심을 받고 있다. 세계의 모든 존재들이 정신적 작용을 가진다면, 그것은 세계가 정서를 포함할 수 있음을 함의하며, 존재자들 사이에 정서적 교감이 중요해진다. 화이트헤드에 의하면 신과 세계의 모든 존재들에게 정서 곧 느낌은 모든 현실적 존재들을 연결시키는 근원적인 관계의 방식이다.[52] 이러한 이해는 모든 존재들을 심정적 작용에 기초해 이해하는 신인애일체 사상과 그 맥락이 통한다. 신인애일제 사상은 현대 철학과 종교계에 등장한 주정주의 흐름과 함께 한다고 말할 수 있다.

셋째, 신인애일체 사상은 부부와 가정을 기반으로 신과 인간의 관계를 이해한다. 일반적으로 종교는 결혼과 가정의 가치를 성화하고 고양시킨다. 비록 독신의 성직자 제도를 가진 종교에게도 신도들의 결혼과 가정은 삶의 거룩한 과정이요 모습이다. 그러나 그들에게 결혼과 가정이 신과 인간을 일체되

---

52) Alfred North Whitehead, *Process and Reality*, corrected edition, ed. David Ray Griffin and Donald W. Sherburne (New York: The Free Press, 1978), Part III, chapter 1. 필자의 관점으로 볼 때 가정연합 신학과 화이트헤드 철학은 주정주의 입장에서 많은 공통점을 갖고 있다. 이에 대해 다음을 참조하시오. 주재완, 『세계평화통일가정연합 사상 연구 I』 (아산: 선문대출판부, 2010), 제12장 「과정철학과 세계평화통일가정연합 사상의 비교연구: 유물론에 대한 대안을 중심으로」.

게 만드는 필수적인 기능을 갖는다고 규정되지는 않는다. 반면 신인애일체 사상에 의하면 인간은 결혼과 가정을 통해서 신과 일체된다. 신의 심정은 인간의 가정 안에 4대 심정(부모, 부부, 형제자매, 자녀의 심정)으로 나타나고, 따라서 인간은 가정에서 4대 심정을 체험하며 성장함으로써 신의 심정과 일체되어 갈 수 있다. 결혼은 부부의 심정과 나아가 부모의 심정을 체험할 수 있게 한다. 그리고 가정의 삶을 통해 부부 단위로 신과 일체 된다. 이러한 내용들은 부부의 영성, 가정의 영성이라는 표현에 담을 수 있을 것 같다. 신인애일체 사상은 오늘날 약화된 결혼과 가정의 의미와 가치를 종교적으로 심화시키고 강화하는데 기여할 수 있을 것이다.[53)]

넷째, 가정의 일상생활을 신과 일체되어 나가는 통로로 본다는 의미에서 신인애일체 사상은 성속일치를 함의한다. 신인애일체 사상에 의하면, 신을 만나기 위해서는 가정을 떠나 별도의 성스런 공간 그리고 거룩한 삶의 양태로 들어가는 것이 아니라 오히려 가정의 일상생활 속으로 들어가야 한다. 가정의 일상생활 속에서 사랑을 실천하도록 노력하고, 성숙한 심

53) 현대 사회 속에서 가정연합의 가정관이 갖는 의의에 대해서 다음 논문을 참조하시오. 김항제, 「세계평화통일가정연합의 가정주의」, 『신종교연구』 17 (2007): 221-225.

정적 관계를 갖도록 노력해야 한다. 인간의 일상생활 자체가 신과 일체되어 나가는 훈련의 과정이며 인간을 성스럽게 만드는 구도의 과정인 것이다. 일반적으로 신의 사랑과 인간의 사랑을 연결하는 종교는 신의 사랑을 가정에서 실천하라고 말한다. 신인애일체 사상도 그것을 말하지만, 더 중요한 것은 가정에서 배운 사랑과 심정을 통해 신의 사랑과 심정을 알아가는 것이라고 본다. 이러한 이해는 인간의 삶을 근본적인 차원에서 성스러운 영역과 세속적인 영역으로 구분하지 않는 성속일치의 입장이다.

특히 부부의 성(性)을 거룩한 것으로 이해하는 것은 성속일치의 대표적인 예일 것이다. 종교사에서 남녀의 성(性)은 일반적으로 세속 영역의 대표적인 것이었다. 신과 진리를 찾으려는 경건한 삶을 위해서 성(性)을 포기하기도 했다. 그러나 신인애일체 사상은 부부의 성(性)이 신이 설계한 고귀하고 성스러운 것이며, 그것을 통해 신과 일체됨을 추구해야 된다고 이해한다. 부부의 성(性)이 없으면 인간은 온전한 신인애일체로 나갈 수 없다. "인간의 생식기는 지극히 성스러운 곳입니다. 생명의 씨를 심는 생명의 왕궁이요, 사랑의 꽃을 피우는 사랑의 왕궁이요, 혈통의 열매를 맺는 혈통의 왕궁입니다."[54)]

---

54) 『천성경』 13.2.1:17.

가정연합 신학이 성(性)을 거룩하게 본다는 것이 모든 성적 사랑을 허용한다는 의미는 아니다. 신을 중심한 부부 사이의 성적 사랑은 거룩한 것이되, 그 외의 성적 사랑은 악한 것이다. 가정연합 신학은 '절대 성(absolute sex)'이라는 용어를 만들어 이런 내용들을 담는다. 절대 성의 의미는 신의 창조목적과 그에 따른 인간의 삶에서 성적인 사랑이 절대적으로 중요하므로, 결혼 전에는 절대적으로 성적 순결을 지켜야 하며, 결혼 후에는 절대적으로 성적인 정절을 지켜야 한다는 것이다.[55] 동시에 부부 사이의 성적인 사랑은 신이 함께하는 아름답고 행복하며 성스러운 것이라는 의미를 갖는다.

가정에서의 일상적인 생활은 가정 밖에서의 일상적인 생활로 확대 연결된다. 가정연합 신학은 가정에서 계발된 성숙한 심정은 가정 밖의 인간관계에 적용된다고 강조한다. 그러므로 가정에서의 삶이 성속일치인 것처럼, 가정 밖의 모든 삶의 모습도 근원적으로 성스러운 것과 세속적인 것으로 구분되지 않는다. 삶의 전 영역은 인간이 사랑의 심정을 완성시키는 훈련장이며, 성숙한 사랑의 심정이 표현되는 거룩한 장이다.

성속(聖俗)의 전형적인 예로 종교와 비종교를 생각할 수 있다. 신인애일체 사상의 관점으로 보면, 인간의 삶은 근본적으

55) 『천성경』 13.1.3:5-7.

로 성스러운 종교의 영역과 세속적인 비종교의 영역으로 나뉘지 않는다. 종교의 영역과 비종교의 영역이 모두 신인애일체로 나아가는 거룩한 삶의 자리이다. 가정연합이 자신의 공식 명칭을 세계기독교통일신령협회에서 가정연합으로 바꾼 것은 종교를 넘어서려는 시도의 일환이었다. 성스러운 영역의 대표로 생각되는 종교와 세속적 영역의 대표로 생각되는 정치를 하나로 만들려는 비전도 동일한 맥락을 갖는다. 종교와 정치는 성과 속의 관계가 아니라 맘과 몸의 관계로 이해된다.[56] 세계평화통일가정연합이 2008년 천주평화통일가정당 이름으로 총선에 참여한 것은 정교일치를 향한 노력의 일환이었다. 이러한 운동들은 모두 기본적으로 성속일치의 입장 위에 서 있다. 성속일치를 함의한 신인애일체 사상은 가정연합이 추구하는 탈종교, 정교일치 등의 운동을 위한 핵심적인 신학적 근거로 보인다.

다섯째, 신인애일체 사상은 신인일체에 초점을 둔 인간존중 사상을 함의한다. 신이 자신과 심정적으로 일체된 인간들을 몸으로 삼아 자신의 뜻을 드러낸다면, 인간은 현재적 또는 미래적으로 제2의 신 곧 신적 가치를 지닌 존재이므로 존중받아야 할 존재이다. 일반적으로 유일신 종교는 신과 인간의 특수

56) 『천성경』 10.3.1:11.

한 관계에 기초하여 인권의 소중함과 신 앞에 평등을 말한다. 그렇다면 신인애일체 사상이 인간존중 사상을 함의한다는 것은 유일신 종교의 일반적인 경향으로서 별로 특별할 것이 없다. 그런데 신인애일체 사상이 인간존중의 근거로 삼는 신인관계의 구체적인 내용이 차별성을 갖는다. 예를 들어 기독교는 주로 신과 인간의 계약, 인간은 신의 형상, 신의 나라 등을 근거로 인권을 말한다.57) 가정연합 신학도 신의 형상으로서의 인간, 지상천국에 대한 전망 등을 갖고 있으므로 거의 동일한 내용을 갖는다. 그러나 가정연합 신학에서 보다 초점이 맞춰지는 인간존중의 구체적인 근거는 신과 인간이 일체된다는 관념이다. 유일신 종교의 주류 전통들 안에서 신과 인간이 일체된다는 관념은 대체로 이단으로 여겨졌다. 반면 가정연합 신학에서 인간의 가치는 신과의 계약, 신의 형상, 지상천국 등에 의해서도 기본적으로 보장되지만, 신인애일체에 의하여 최고로 높아진다.

---

57) KNCC에서 제작한 "2009년 인권주간예배를 위한 자료." 이 자료는 세계교회협의회(WCC)가 밝히는 '인권의 성서적 신학적 근거'를 요약한다.
<http://www.kncc.or.kr/admin/bbs/down.php?code=old_pds&idx=9501&no=1>

4. 마치는 글

지금까지 가정연합의 신인애일체 사상을 심정 개념을 중심으로 종합하여 해석하고 그 특징을 고찰해보았다. 가정연합은 신인일체를 추구하는 종교로서, 신인애일체는 가정연합이 추구하는 신인일체의 의미를 담은 표현이다. 신인애일체는 가정연합 신앙의 핵심 목표이며, 그 신학체계의 중심에 위치한다. 신인애일체란 신과 인간이 사랑으로 일체된다는 문자적 의미를 가지며, 사랑으로 일체되는 것은 심정적으로 일체되는 것을 의미한다. 신인애일체는 신과 인간이 서로 심정을 교감함으로써 심정적으로 일체가 되고 일심동체가 되는 것이다. 인간은 신의 고통과 슬픔의 심정에 공감하고 그 심정을 위로할 수 있어야 신인애일체로 나갈 수 있다.

심정은 한국문화 속의 독특한 개념으로서, 가정연합 신학은 그 심정 개념을 종교적으로 심화 확대하여 자신의 핵심적인 해석의 틀로 사용하고 있다. 신의 심정과 인간의 심정이 질적으로 같은 종류이므로, 신과 인간은 심정으로 일체될 수 있다. 신의 심정은 가정 안에서 부모, 부부, 형제자매, 자녀의 4대 심정으로 나뉘어 나타나며, 따라서 인간은 가정에서 이상적인 4대 심정을 체험하며 성장해야 점점 신의 심정을 헤아릴 수 있고 그에 다가갈 수 있다. 신인애일체는 심정의 성숙 정도에 따라 같이 성장하는 과정적 개념으로 보인다. 신인애일체 사상은 가정연합 신도들로 하여금 지속적으로 신을 향해 성장하도록 촉구하고 격려하는 가정연합 영성의 근원으로 기능할 것 같다. 인간은 부부 단위로 신과 온전히 일체가 될 수 있다는 주장은 타 유일신 종교에서 보기 어려운 주장이다. 신은 자신과 심정 일체된 인간 부부를 자신의 실체 몸으로 삼아 그들을 통해 자신의 심정과 뜻을 드러내어 피조세계를 주관하고 피조세계와 실체적으로 상호작용 한다. 이런 의미에서 신과 일체된 부부는 피조세계에서 제2의 신의 가치를 지닌다.

이러한 신인애일체 사상은 다음과 같은 특징을 갖는다. 첫째, 한국문화의 심정 개념을 핵심적인 해석의 틀로 사용하는 한국적인 종교사상이다. 둘째, 정(情)을 중심으로 신과 인간과 자연을 이해하는 주정주의(主情主義)의 일종이다. 셋째, 신인애일체 사상은 부부와 가정을 기반으로 신과 인간의 관계를 이해하는 부부의 영성, 가정의 영성을 말한다. 넷째, 가정의 일상생활을 신과 일체되어 나가는 통로로 본다는 의미에서 신인애일체 사상은 성속일치의 영성을 담고 있다. 다섯째, 신인일체에 초점을 둔 인간존중 사상을 함의한다.

● 참고문헌

『문선명선생말씀선집』

『천성경』

『평화경』

『원리강론』

구티에레즈, 구스타보. 『해방신학: 역사와 정치와 구원』. 성염 옮김. 서울: 분도출판사, 1990.

기타모리, 가죠. 『하나님 아픔의 신학』. 박석규 옮김. 서울: 양서각, 1987.

김관영. 「이슬람 신비주의 사상에 관한 연구: 수피즘(Sufism)의 본질을 중심으로」. 『동서철학연구』 20 (2000).

김항제. 「통일교는 신비주의(mysticism)인가?: 베버(Max Weber)의 유형론을 중심으로」. 『영성연구』 창간호 (2011).

김항제. 「세계평화통일가정연합의 가정주의」. 『신종교연구』 17 (2007).

램프히트, 스털링 P. 『서양철학사』. 김태길 외 옮김. 서울: 을유문화사, 1996.

몰트만, J. 『십자가에 달리신 하나님』. 김균진 옮김. 서울: 서울신학연구소, 1995.

박종천. 『하나님 심정의 신학: 교회교훈학으로서의 조직신학』. 서울: 기독교서회, 2012.

성해영. 「신비주의란 무엇인가?: 개념에 대한 오해와 유용성을 중심으로」. 『인문논총』 71, 1 (2014).

성해영. 「수운 최제우(水雲 崔濟愚) 종교체험의 비교종교학적 고찰: '체험-해석틀'의 상호관계를 중심으로」. 『동학학보』 18 (2009).

세계기독교통일신령협회. 『뜻길』. 서울: 성화사, 1991.
주재완. 『세계평화통일가정연합 사상 연구 I』. 아산: 선문대출판부, 2010.
최상진·김기범. 『문화심리학: 현대 한국인의 심리분석』. 서울: 지식산업사, 2012.
통일사상연구원. 『통일사상요강』. 아산: 선문대출판사, 2007.
피터슨, 마이클 외. 『종교의 철학적 의미』. 하종호 옮김. 서울: 이화여자대학교출판부, 2009.
헤셸, 아브라함 J. 『예언자들』. 이현주 옮김. 서울: 삼인, 2004.
KNCC. 「2009년 인권주간예배를 위한 자료」.
<http://www.kncc.or.kr/admin/bbs/down.php?code=old_pds&idx=9501&no=1>
Park, Andrew S. T*he Wounded Heart of God: The Asian Concept of Han and the Christian Doctrine of Sin*. Nashville: Abingdon Press, 1993.
Whitehead, Alfred North. *Process and Reality*. Corrected Edition. Edited by David Ray Griffin and Donald W. Sherburne. New York: The Free Press, 1978.

제5장_ 인간의 구조와 본성에 대한 소고[1]

1. 시작하는 글

가정연합의 전반적인 사상 체계 안에서, 인간(지상인)의 구조와 본성에 대한 규정은 영인(靈人)의 구조와 본성에 대한 이해와 연속성을 가져야 되며, 따라서 영인의 삶에 대한 합리적인 설명을 내포할 수 있어야 한다. 지상 인간은 영인체와 육신으로 구성되며, 영인체가 육신을 벗으면 이것이 곧 영인이기 때문이다. 순서를 바꾸어 말하면, 영인의 구조와 본성은 지상인 영인체의 구조 및 본성과 본질적으로 동일해야 하며, 따라서 지상인의 구조와 본성에 대한 이해는 이 전제에 기초해야 한다. 만일 지상인의 구조와 본성에 대한 규정이 영인들의 본성을 올바르게 설명하지 못한다면, 그것은 곧 영인체를 잘못 이해한 것이며, 그것은 결국 영인체와 육신으로 구성된 지

1) 이 글은 2014년 『통일사상연구』 7권에 게재된 필자의 논문을 수정 보완한 글이다.

상인의 본성도 바르게 설명하지 못했음을 의미한다. 이러한 기준으로 볼 때, 『통일사상요강』 제3장 「본성론」에서 설명되는 인간(지상인)의 구조와 본성에 대한 내용은 영계의 영인의 모습을 설명하기 어렵다는 문제를 가지고 있다.

『통일사상요강』은 인간(지상인)의 존재론적 구조와 본성을 다음과 같이 설명한다. 지상인은 영인체(靈人體)와 육신(肉身)으로 구성되며, 각각 이성성상(二性性相)으로 존재한다. 영인체는 생심(生心)과 영체(靈體)의 이성성상으로, 육신은 육심(肉心)과 육체(肉體)의 이성성상으로 존재한다. 지상인의 마음은 영인체의 성상인 생심과 육심의 성상인 육심이 합성일체화한 것이다. 영인체의 성상인 생심은 진·선·미·애(眞·善·美·愛)의 가치적 삶을 추구하며, 육신의 성상인 육심은 의·식·주·성(衣·食·住·性)의 물질적 삶을 추구한다. 따라서 생심과 육심이 종합된 인간의 마음은 진·선·미·애의 가치를 추구하는 욕망과 의·식·주·성을 추구하는 욕망을 함께 갖는다. 이때 생심이 주체의 입장에 육심이 대상의 입장에 서서 합성일체화 한 마음이 본심(本心)이고, 반대로 육심이 주체의 입장에 생심이 대상의 입장에 서서 합성일체화한 마음은 타락한 인간의 마음이다.2)

지상인의 구조와 본성에 대한 이 설명은 가정연합이 긍정하

---

2) 『통일사상요강』, 239, 240, 300.

는 영인의 삶을 고려할 때 다음과 같은 점들이 문제가 된다. 첫째, 영인체의 성상이 곧 생심이라면 논리적으로 육신을 벗은 영인은 선한 존재만 있어야 한다. 그러나 영계에는 악한 영인도 많이 있다. 둘째, 영인체는 진선미애를 추구하고 육신은 의식주성을 추구한다고 하지만, 영인에게도 의식주와 특히 성생활은 중요한 삶의 요소이다. 셋째, 인격을 생심과 육심의 관계에 기초해 정의하면, 육신을 벗은 영인의 인격을 설명하기 어렵다. 필자는 본 소고에서 이 문제점들을 해결할 수 있도록, 가정연합 사상 진반에 기초하여, 지상 인간의 구조와 본성에 대한 설명을 다소 재구성해 보고자 한다. 가정연합의 사상 전반은 『통일사상요강』의 내용을 포함할 수 있되, 이를 수정 보완할 수 있는 토대이다. 재구성의 방향은 영계의 영인의 삶을 보다 충분히 반영하여 지상인의 구조와 본성을 이해하는 것이다.

2. 인간의 구조와 본성에 대한 재고

1) 영인체의 성상

영인체의 성상 즉 영인체의 마음이 생심이라고만 규정되면 논리적으로 육신을 벗은 영인들은 모두 선한 존재들이 되어야 하는 문제가 발생한다. 위에서 요약한 지상인의 구조에 의하면, 영인체는 생심만을 가진 존재이다. 그렇다면 논리적으로 모든 지상인의 영인체 자체는 하나님이 거하는 선하고 거룩한 존재가 되어야 한다. 그리고 그 결과 지상인이 육신을 벗으면 모두 선한 영인들이 되어야 할 것이다. 그러나 가정연합은 수많은 악한 영인들의 존재와 활동을 긍정한다. 영계에는 선한 영인도 있고 악한 영인도 있다. 이와 같이 악한 영인들의 존재를 긍정한다면, 그것은 영인들이 선할 수도 있고 악할 수도 있는 존재들로 규정되어야 하며, 나아가 지상인의 영인체도 선할 수도 있고 악할 수도 있는 존재로 이해되어야 함을 내포한다.

그렇지만 지상인의 구조와 본성에 대한 『통일사상요강』의 설명에는 악한 영인들을 설명할 수 있는 존재론적 범주가 없다. 좀 더 구체적으로 논해보자. 악한 영인들도 성상과 형상의 이성성상으로 존재한다. 여기서 영인을 선하고 악하게 만드는 것은 그 성상, 곧 마음의 차원이다. 악한 영인들이란 악한 마음을 가진 영인들이다. 그런데 위의 설명에 의하면 영인체의 성상 곧 영인들의 성상은 생심 밖에 없는데, 생심은 그 개념 정의상 영인을 악하게 만들도록 기능할 수 없다. 생심은 하나님이 거하는 곳이며, 하나님을 중심한 사랑과 가치를 추구할 수 있을 뿐이다. 설혹 미성숙한 생심의 가능성을 생각해보아도, 역시 생심은 미성숙한 상태이거나 성숙한 상태이거나 하나님과 연결된 정도를 다르게 할 수는 있지만, 악한 것의 근원이 될 수는 없다. 따라서 영인체의 성상을 곧 생심 자체라고 규정하면, 다시 말해 영인체는 생심만 갖는다고 보면, 악한 영인을 설명할 수 없는 논리적 문제가 발생하는 것이다.[3]

이것을 해결하려면 가정연합의 사상 전반과 일관성·정합성을 가지면서 악한 영인을 설명할 수 있는 인간의 구조적 요소를 도입해야 한다. 이것은 새로운 존재론적 범주를 설정하는 것을 의미한다. 그 방법은 간단해 보인다. 영인체의 성상 곧 영인체의 마음이 생심과 생심 외의 요소를 함께 갖는다고 재규정하는 것이다. 다시 말해 영인체의 성상이 곧 생심 자체가 아니고, 영인체의 성상은 영인체의 마음(일반적 의미로서의 마음 즉 정지의情知意 작용)으로 재규정되며, 그 영인체의 마음의 중심에 생심이 있다고 이해하는 것이다. 그렇다면 생심은 영인체의 마음의 핵심에 위치하고 있으며 항상 하나님을 중심한 선한 지향성을 갖지만, 생심 외의 영역에서 악한 욕망도 일어날 수 있게 된다. 그럼으로써 영인체의 마음은 결과적으로 선할 수도 있고 악할 수도 있게 된다. 즉 영인체는 하나

---

3) 이 문제는 『원리강론』에서도 나타난다. 『원리강론』도 영인체의 성상을 생심으로만 규정하기 때문이다.

님을 중심한 생심의 인도를 따를 수도 있고, 그 반대로 생심 외의 영역에서 발생할 수도 있는 악한 욕망을 추구할 수도 있게 된다. 이렇게 수정된 인간의 구조에 의하면, 영계의 영인이 선할 수도 있고 악할 수도 있는 가능성이 모두 설명될 수 있다. 영인은 생심의 선한 욕망을 따라 선한 영인이 될 수도 있고, 그것을 거부하고 악한 욕망을 좇아 악한 영인이 될 수도 있다. 영인은 생심을 따라 하나님을 중심한 삶을 살 수도 있고, 사탄을 중심한 악한 삶을 살 수도 있다.

영인들이 선할 수도 악할 수도 있는 가능성이 확보되도록 그 존재론적 구조가 재규정되어야 한다는 주장은 자유의지의 관점에서 보아도 타당성을 갖는다. 가정연합의 사상 안에서, 인간은 창조원리적으로 지상인으로서도 또한 영인으로서도 자유의지를 가진 존재이다.4) 자신이 어떤 욕망을 선택하여 행위 하느냐는 영인의 자유의지의 문제이다. 선한 영인과 악한 영인을 설명할 때에도 자유의지를 포함하여 설명해야 한다. 수정된 인간의 구조에 의하면, 자유의지를 중심한 영인에 대한 설명은 자연스럽게 가능해진다. 선한 영인들은 마음 안에서 생심으로부터 발원한 하나님 중심의 선한 욕망과 그와 상관없는 악한 욕망이 발생할 때 자유의지로 생심의 욕망을

4) 자유의지가 전제되지 않으면 책임분담이라는 개념이 성립될 수 없다.

따르는 영인들이다. 악한 영인들은 마음 안에서 생심으로부터 발원한 선한 욕망과 그와 반대되는 악한 욕망이 발생할 때 자유의지로 악한 욕망을 따르는 영인들이다.[5] 그러나 영인체의 성상 즉 영인의 성상이 생심 자체라고 규정되는 한, 선한 영인과 악한 영인이라는 현상을 논리적으로 설명하기 어렵다.

개성진리체(個性眞理體)와 연체(聯體)라는 인간의 창조원리적 본성의 관점에서 생각해보자. 개체성과 관계성은 지상인과 영인의 창조원리적 본성이다. 육신이 없는 영인도 개성진리체로서 개체목적을 지향하며, 동시에 연체로서 전체목적을 지향한다. 영인도 개체목적과 전체목적이라는 이중목적(二重目的)을 추구하는 존재이다.[6] 따라서 영인도 전체목적보다 개체목적을 우선 추구하면 이기적인 악한 영인이 되고, 전체목적을 우선 추구하면 이타적인 선한 영인이 된다. 전체목적과 개체목적의 관계 방식에 의한 선악의 구분은 지상인과 영인에게도 모두 적용되며, 이것은 영인의 마음에 전체목적과 개체목적의 관계 방식에 의한 이타심과 이기심이 모두 발생할 수 있어야 함을 의미한다. 수정된 인간의 구조는 이것도 자연

5) 자유의지와 책임분담에 관한 필자의 관점에 대해서는 다음을 참조하시오. 주재완, 『통일교 사상 연구 I』 (아산: 선문대출판부, 2010), 제4장 『원리강론』의 「타락론」에 사용된 자유의 의미.

6) 『통일사상요강』, 300-301.

스럽게 설명할 수 있다. 영인의 생심과 이타심, 영인의 생심외의 마음과 이기심이 연결될 수 있다. 영인은 전체목적을 중심으로 개체목적을 조화시키려는 생심의 이타적 욕구를 따를 수도 있고, 개체목적을 중심으로 전체목적을 무시하려는 이기적 욕구를 따를 수도 있다. 이와 같이 영인체의 성상(영인체의 마음) 즉 영인의 성상(영인의 마음)은 선한 마음과 악한 마음, 이타심과 이기심을 모두 가질 수 있도록 규정되어야 영계의 영인들의 다양한 삶을 설명할 수 있다.

영인이 선할 수도 악할 수도 있으며, 이타적일 수도 이기적일 수도 있다는 것은 지상인의 영인체가 그 자체만으로도(즉 육신과의 관계를 고려하지 않은 채) 선할 수도 악할 수 있고, 이타적일 수도 있고 이기적일 수도 있다는 것을 의미한다. 그렇다면 지상인이 이타적이거나 이기적인 것은 영인체와 육신의 관계의 방식에 의존하는 것이 아니라, 최종적으로 영인체에게 책임이 돌아가야 할 것이다. 사실 통일사상 안에서 영인체의 마음과 육신의 마음이 종합된 것이 지상인의 마음이라고 하더라도, 지상인이 어떠한 삶을 살 것인가는 영인체의 마음이 결정한다고 이해된다. 육심은 자신의 생존을 위한 생리적 욕구에 충실할 뿐이며, 그러한 육심의 자기중심의 생리적 욕구를 포함한 욕망을 먼저 따를 것인지 아니면 생심의 이타적인 지향을 따를 것인지는 결국 영인체가 결정한다는 것이다. 이것은 영인체와 잠시 분리된 육신 스스로는 아무 것도 할 수 없다는 것을 보면 쉽게 이해된다. 지상인이 이타적이거나 이기적인 것은 생심과 육심의 관계방식의 결과가 아니라, 보다 근본적으로 영인체 자체가 이타적이거나 이기적인 것의 결과로 보아야 할 것 같다.[7] 그리고 영인체의 성상(마음)은 이타적 욕망과 이기적 욕망이 모두 가능하도록 존재론적으로 규정되어야 한다.

2) 영인체의 욕망과 육신의 욕망

영인체는 진·선·미·애(眞·善·美·愛)의 가치를 추구하고, 육신은 의·식·주·성(衣·食·住·性)을 추구한다는 설명이 만일 영인체는 진선미애의 가치'만' 추구하고 의식주성과는 관계가 없음을 의미한다면, 그 설명은 가정연합이 인정하는 영인들의 삶을 설명할 수 없다. 사랑과 성에 대해 먼저 생각해보자. 가정연합의 사상에 의하면, 영계에 살고 있는 영인들도 성생활을 한다.[8] 영인이 성생활을 한다는 것은 영인도 성생활의 욕망이 있다는 것이다. 그런데 영인들의 성생활은 영인들의 부부의 사랑에 동반되

7) 이에 대해서는 뒤에서 좀 더 자세히 논의될 것이다.
8) 『천성경』 7.2.2:21.

는 것이다. 영인들의 성생활 욕망도 부부의 사랑에 동반된 자연스런 욕망이다. 그런데 영인이 성생활의 욕망을 본성으로 갖는다는 것은 지상인의 영인체도 성생활의 욕망을 갖는다는 것을 의미한다. 영인과 영인체의 기본 구조와 본성은 항상 같은 연장선상에서 이해되어야 한다. 따라서 성생활의 욕구를 지상인의 육신 차원만의 것으로만 규정하는 것은 문제가 있다.

보다 근본적으로 생각해보자. 부부의 성생활은 하나님의 창조목적의 핵심 중의 하나이다. 하나님의 양성과 음성의 이성성상의 실체대상인 남편과 아내가 부부의 사랑에 기초해 성생활을 할 때 하나님이 함께 한다.[9] 하나님과 남편과 아내가 일체가 된다. 이 창조의 목적은 육신을 가진 지상인과 육신을 벗은 영인에게 모두 공통적이다. 오히려 영계가 궁극적인 인간의 고향이므로, 육신을 벗은 영인 부부의 사랑과 성생활이 더 본질적인 것이 된다. 영계에서 하나님을 중심한 영인 부부의 성생활이 창조목적의 궁극적인 단계이며, 지상에서 하나님을 중심한 지상인 부부의 성생활은 영계의 부부의 삶을 준비하는 과정이다. 따라서 지상인의 영인체도 부부의 사랑에 동반된 성생활의 욕망을 그 본성으로 갖는다고 규정되어야 한다.

영인체가 부부의 사랑에 기초한 성생활의 욕망을 본성으로

9) 『천성경』 7.2.2:21.

갖는다면, 지상인의 부부의 사랑에 기초한 성생활의 욕망은 보다 근원적으로 영인체로부터 기원하는 것으로 이해되어야 할 것이다. 즉 영인체로부터 출발한 부부의 사랑에 기초한 성생활의 욕망이 육심에 공명되어 육신의 생리적 작용으로 나타남으로써 지상인의 성생활이 가능해진다고 이해하는 것이다. 또한 거꾸로 육신의 생리적 조건에 따른 육심의 성적인 충동이 영인체에 영향을 주어 영인체로부터 부부의 사랑에 기초한 성생활의 욕망을 이끌어 낼 수도 있을 것이다. 지상인의 부부의 사랑에 기초한 성생활의 욕망은 단순히 육신의 욕망으로 한정 되서는 안 되며, 영인체와 육신이 함께 작용한 결과이되, 그 근원은 영인체의 욕망으로 이해되어야 한다.

그런데 타락한 세계에서는 참된 부부의 사랑 없는 타락한 성행위들이 발생한다. 이 현상은 하나님을 중심으로 서로 위하려는 진정한 부부의 사랑 없이 단순히 자신의 성적 쾌락만을 추구하는 이기적인 욕망의 결과이다. 이 타락한 현상에 대해서도 타락한 인간의 영인체가 최종적인 책임을 져야 한다. 즉 지상인의 경우, 성생활의 욕망은 영인체와 육신이 함께 작용한 결과이되, 최종 행위를 결정하는 것은 영인체이며, 그 영인체가 진정한 부부의 사랑 없이 단순히 자신의 쾌락만을 추구한 결과가 바로 타락인간의 타락한 성행위들이다. 진정한 부부의 사랑에 내포된 성생활 욕구라는 창조본연의 모습과, 진정한 부부의 사랑 없이 자신만의 쾌락을 추구하는 문란한 타락한 성행위도, 모두 영인체가 최종적으로 책임져야 한다. 즉 타락한 성행위는 생리적으로 육신의 성적 욕망이 먼저 발생하고, 이때 영인체가 진정한 부부의 사랑 없이 육신의 성적 욕망을 그대로 추구하거나, 또는 영인체가 먼저 진정한 부부의 사랑 없는 성적 쾌락의 욕망을 갖고 육신이 거기에 상응함으로써 발생한다. 가정연합이 긍정하는 영계의 음란한 영인들도 이러한 관점에서 설명될 수 있다. 진정한 부부의 사랑 없이 비원리적으로 성적 쾌락을 추구하는 것은 단순히 육체적 욕망에 그 책임을 물어야 할 사태가 아니라 최종적으로 비원리적인 성적 욕망을 갖는 영인체가 책임을 져야 할 사태인 것이다.

수정된 인간의 구조와 본성은 이 현상을 설명할 수 있다. 진정한 부부의 사랑에 기초한 성생활과 비원리적인 타락한 성행위를 영인과 영인체의 성상(마음)과 관련지어 보자. 생심은 하나님을 중심한 진정한 부부의 사랑의 토대 위에서 하나님과 함께하는 성생활의 기쁨을 누리고자 한다. 그러나 생심외의 영역에서 하나님과 상관없이 진실한 부부의 사랑에 기초하지 않은 비원리적인 성행위를 추구하는 타락한 욕망이 발생할 수도 있다.

이제 의식주에 대해 생각해보자. 만일 『통일사상요강』의 설명이 의식주를 추구하는 것은 육심'만'의 욕망이라고 말하는 것이라면, 그것도 가정연합이 이해하는 영인의 삶의 모습을 설명하기 어렵다. 가정연합의 사상에 의하면, 의식주는 지상인의 삶의 필수적 요소임과 동시에 영계의 영인들의 삶을 구성하는 요소이기도 하다. 영계의 영인들도 음식을 먹고, 옷을 입으며, 거주 공간에 산다. 다만 영계에서는 원하는 대로 의식주를 충족할 수 있으므로, 그것이 영인들의 삶을 구속하지는 않는다. 그러나 영인들의 삶도 의식주의 요소를 갖는 것은 분명하므로, 비록 지상의 의식주와 영계의 의식주가 질적인 차이가 있지만, 영계의 의식주에 대한 영인의 욕망도 지상인의 본성에 포함되어야 한다. 이것은 지상인의 영인체도 의식주를 추구할 수 있음을 의미한다. 그렇다면 지상에 살아가는 동안 인간이 의식주를 요구하는 마음은 영인체와 육신 양자 모두로부터 오는 것으로 이해되어야 한다. 가정연합의 사상 안에서 영인과 영인체는 진선미애와 의식주성을 모두 추구한다고 재규정될 필요가 있다.

3) 영인의 인격

생심과 육심의 관계 방식으로 인간의 인격을 설명한다면, 육신을 벗어 육심이 없는 영인의 인격을 설명하기 어렵다는 문제가 발생한다. 『통일사상요강』은 지상인의 인격을 다음과 같이 설명한다. 생심이 주체로 육심이 대상의 관계로 합성일체화한 지상인의 마음을 본심(本心)이라고 한다. 따라서 본심은 진선미의 가치를 목적으로 추구하며, 그 목적을 위한 수단으로 물질적 생활을 추구한다.[10] 생심이 제 기능을 잘 하고 육심이 생심을 잘 따르는 인간은 인격을 완성한 인간이며 본연의 인간이다.[11] 반면 육심이 주체의 입장에 생심이 대상의 입장에 서서 합성일체화한 지상인의 마음은 타락한 인간의 마음이다.[12] 타락한 인간의 마음은 의식주의 생활을 목적으로 추구하고 가치의 생활은 그 의식주의 생활을 위한 수단으로 삼는다.[13]

그런데 이 규정에 의하면, 인격을 완성한 본연의 지상인이 육신을 벗고 영인이 되었을 때, 논리적으로 그 영인에게는 완성한 인격, 본심, 본연의 인간이라는 개념을 적용하지 못한다. 육심이 없는 영인에게 생심과 육심에 기초한 인격의 개념은 적용될 수 없기 때문이다. 이것은 가정연합의 사상 안에서 적절하지 못하다고 판단된다. 가정연합의 사상에 의하면, 인간

10) 『통일사상요강』, 240. 『원리강론』에 의하면 본심은 하나님을 중심으로 생심과 육심이 합성일체화한 지상인의 마음이다. 『원리강론』, 69.

11) 『통일사상요강』, 240.

12) 『원리강론』은 타락인간의 마음을 사심(邪心)으로 부른다. 사심은 사탄을 중심으로 지상인의 생심과 육심이 합성일체화한 지상인의 마음이다. 『원리강론』, 69.

13) 『통일사상요강』, 240.

은 지상의 삶보다 영계의 삶이 더 본질적인 것이고 궁극적인 것이다. 따라서 창조본연의 인간의 궁극적 모습을 의미하는 완성한 인격, 본심, 본연의 인간이라는 개념들은 오히려 영인에게 더 적용되는 개념들이어야 한다. 그렇다면 인간의 인격은 지상인과 영인에게 모두 적용될 수 있도록 재규정되어야 하며, 지상인과 영인의 인격을 모두 일관되게 연속선상에서 설명할 수 있는 설명의 틀이 필요하다.

그러한 틀을 모색하기 위해 지상인의 인격은 결국 영인체의 인격이라는 점을 다시 한 번 살펴보자. 필자는 앞에서 지상인이 선하거나 악한 것은 최종적으로 영인체에게 책임을 돌려야 한다고 말했다. 즉 영인체는 선한 욕망과 악한 욕망 중에서 어떤 것을 선택하여 실천하느냐를 결정한다는 것이다. 영인체는 자신 안에서 이타적인 생심을 따를 수도 있고, 생심외의 이기적인 욕망을 따를 수도 있다. 따라서 영인체와 육신이 결합된 지상인에게 생심의 욕망과 육심의 욕망이 발생할 때, 이 양자를 어떻게 합성일체화 하느냐를 결정하는 주체는 바로 영인체이다. 그렇다면 지상인의 인격이란 본질적으로 지상인을 구성한 영인체의 인격을 의미하는 것이다. 즉 생심과 육심의 관계가 지상인의 인격을 결정하는 것이 아니라, 지상인의 영인체의 인격이 결과적으로 생심과 육심의 관계로 나타난다. 이타적인 영인체는 생심을 주체로 육심을 대상으로 조화시키며, 이기적인 영인체는 생심의 욕망보다 육심의 욕망을 먼저 추구한다. 이렇게 이해될 때, 지상인의 인격과 영인의 인격을 연속선상에서 설명할 수 있다. 본심, 완성한 인격, 본연의 인간 등은 영인체와 영인에게 먼저 적용해야할 개념들인 것이며, 완성한 영인체의 인격의 결과로 이상적인 생심과 육심의 관계가 형성되는 것이다.

지상인의 인격과 영인의 인격을 연속선상에서 설명하는 것은 지상인의 영인체의 인격과 영인의 인격을 연속선상에서 설명하는 것이다. 그렇다면 앞서 언급했던 개성진리체와 연체라는 본성에 기초한 전체목적과 개체목적의 관계 방식은 지상인의 인격과 영인의 인격을 일관되게 연속선상에서 설명할 수 있는 근본적 틀이 될 수 있다. 선한 영인과 선한 지상인의 영인체는 전체목적을 보다 중요시하는 이타적인 존재이며, 악한 영인과 악한 지상인의 영인체는 개체목적을 보다 중요시하는 이기적인 존재이다. 이것이 가능한 것은 수정된 인간의 구조에 입각하면, 영인과 영인체가 생심뿐만 아니라 생심외의 마음 요소도 갖기 때문이다.

이타적인 영인체를 가진 지상인은 이타적인 인격자이며, 이기적인 영인체를 가진 지상인은 이기적인 비인격자이다. 이타적인 지상인이 육신을 벗으면 이타적인 영인이 되고, 이기적인 지상인이 육신을 벗으면 이기적인 영인이 된다. 창조본연의 완성한 인격을 가진 지상인이 육신을 벗으면 창조본연의 완성한 인격을 가진 영인이 된다. 인격이란 개념은 근본적으로 전체목적과 개체목적의 관계에 기초하는 것이 보다 타당해 보인다. 본심이란 개념도 전체목적과 개체목적의 관계에 기초해 재정의 될 필요가 있다. 그래야 영인에게도 적용할 수 있기 때문이다. 다만 생심과 육심의 관계방식은 인격의 본질이 아니고 영인체의 인격 수준에 따라 다르게 나타나는 결과적 현상이지만, 그 현상을 보면 그 지상인의 영인체의 인격 정도를 알 수 있을 것이다.

3. 마치는 글

인간이란 하나님이 영원히 함께 할 자녀로 창조한 존재라고 볼 때, 가정연합에서 인간의 본성에 대한 이해는 지상과 영계를 포함한 천주의 지평 위에서 되어져야 한다. 특히 지상인을 구성하는 영인체의 본성과 영계 영인들의 본성은 연속선상에 있어야 한다. 지상인의 영인체와 영계의 영인은 같은 범주이다. 이런 관점으로 볼 때, 인간의 구조와 본성에 대한 『통일사상요강』의 설명은 영인의 모습을 충분히 설명하기 어려우므로 수정 보완이 필요해 보인다. 필자는 본 소고에서 영인들의 삶을 고려하여 지상인과 영인을 함께 아우를 수 있도록 설명의 틀을 재구성해 보았다.

첫째, 영인체의 성상은 생심과 동일시되는 것이 아니라, 생심을 중심에 포함한 영인체의 마음으로 이해하는 것이 필요하다. 그러면 영인체는 생심의 작용 외의 다른 심리적 작용도 나타낼 수 있는 존재로 이해될 수 있다. 그래야 영인이 선한 마음도 악한 마음도 가질 수 있는 가능성이 논리적으로 확보되어, 선한 영인과 악한 영인의 현상을 설명할 수 있다.

둘째, 의식주와 성을 육신의 욕망에게만 귀속시키지 말고, 영인체도 그러한 욕망을 가질 수 있다고 재규정하는 것이 필요하다. 가정연합이 긍정하는 영계의 모습에 의하면, 진선미애와 더불어 의식주 및 성생활도 영인들의 삶을 구성하는 주요한 요소이다.

셋째, 인간의 인격은 생심과 육심의 관계가 아닌 전체목적과 개체목적의 관계에 기초해 설명될 필요가 있다. 그래야 지상인 인격과 영인의 인격을 연속선상에서 일관되게 설명할 수 있다. 지상인의 인격의 본질은 지상인의 영인체의 인격이다. 생심과 육심의 관계 양상은 영인체의 인격에 따라 나타나는 결과적 현상으로 보아야 한다.

참고문헌

『천성경』
『원리강론』
『통일사상요강』
주재완. 『통일교 사상 연구 I』. 아산: 선문대출판부, 2010.

제6장_ 천일국과 바하이교의 권위구조 비교 고찰

1. 시작하는 글

본 소고는 세계평화통일가정연합이 선포한 천일국(天一國)의 초대 헌법에 나타난 권위구조와 이슬람계 신종교인 바하이교의 권위구조를 비교 고찰 하는 글이다. 단 두 내용의 비교 자체보다, 먼저 바하이교의 권위구조의 특징을 살펴보고, 이를 통해 부각되는 주제의식들을 중심으로 천일국의 권위구조를 검토하는데 초점을 두고자 한다.

바하이교는 이슬람교 시아파의 구세주사상에 근거하여 '바하올라(1817-1892)'가 하나님[1])이 이 시대를 위해 보낸 구세주이며 그의 가르침이 이 시대를 위한 새로운 계시라고 믿는 신종교이다. 2007년 미국 외교전문지 포린폴리시(Foreign Policy)

1) 바하이교는 창조주의 한국어 번역을 '하느님'으로 사용한다. 가정연합은 '하나님' 표현을 사용한다. 이 글에서는 '하나님'으로 통일해서 사용하겠다.

에 의하면 바하이교는 최근(2000－2005) 세계에서 가장 급성장하는 종교 2위(1.7%)이며(1위 이슬람교 1.8%), 2013년 미국 고든 코웰신학교 세계기독교연구센터에 의하면 향후 10년간 가장 급성장할 종교(매년 성장률 1.7%)이기도 하다.

바하이교는 초기에 창시자의 카리스마적 권위에 의해 인도되다가, 그의 사후 아들, 외손자 2대에 걸쳐 혈통적으로 최고권위가 계승되고, 그 이후부터 현재에 이르기까지 최고권위는 민주적인 선출에 의해 다수로 형성된 최고 조직(기구)에 부여되고 있다. 바하이교는 자신들의 현재 행정구조 즉 권위구조가 인류 역사상 기존의 어느 것보다도 우월한 것이라고 주장한다. 이러한 바하이교의 역사와 현재의 모습은 천일국 헌법을 심층적으로 이해하는데 도움을 줄 수 있을 것이다. 천일국 헌법은 이상적인 권위구조를 추구한다. 또한 천일국 초대 헌법에 의하면, 천일국은 최고권위가 카리스마적 성격에서 민주적 성격이라는 새로운 차원으로 변화될 시점을 앞두고 있으며, 협의와 집단적 의사결정 방식이 도입되었고, 민주적 선출에 의한 권위창출도 암시되고 있다. 이러한 천일국의 상황들은 바하이교가 겪었던 내용들과 유사한 점을 갖는다.[2)]

---

2) 어떤 종교학자는 세계평화통일가정연합과 바하이교를 "쌍둥이 종교"라고 표현할 수 있을 정도로 그 사상에서 유사점이 많다고 주장한다. 안신·허우성, 「바하

본 글은 먼저 바하이교 권위구조의 특징을 살펴보고, 천일국 초대 헌법에 나타난 권위구조를 간단히 요약한 후, 소주제별로 천일국의 권위구조에 담긴 몇몇 내용들을 논의하는 순서로 진행된다.

2. 바하이교의 권위구조와 그 특징[3)]

1) 바하올라의 정체성

바하이교가 말하는 창시자 바하올라의 정체성은 유대교, 기독교 전통이 말하는 메시아 개념과 다르다. 바하올라는 하나님이 이 시대에 보낸 현시자로서, 하나님은 바하올라 이전에도 여러 현시자들을 보냈었고 또 미래에도 보낼 것이라고 믿는다. 바하이교의 현시자 개념은 유대교와 기독교 전통의 메시아 개념과 다르다. 메시아는 인류 역사에서 유일한 인간이

이신앙과 통일교의 평화론에 대한 비교연구: '새로운 예언자' 전통들의 유사점과 차이점」, 『신종교연구』 24 (2011): 299. 필자도 두 사상에 있어서 많은 유사점을 볼 수 있었다. 다음 논문도 참고하시오. 안신, 「바하이신앙의 세계평화론 연구」, 『신종교연구』 19 (2008).

3) 아래 내용들은 주로 인터넷 상의 한국 바하이 공동체 홈페이지를 참조하였다. <http://www.bahai.or.kr/html/main_2.php> 다음 논문도 참조하였다. 김영경, 「바하이교의 역사적 개관 -19세기 중동에서 태어나 "세계종교"가 되기까지」, 『한국이슬람학회 논총』 13, 1 (2003).

다. 바하이교는 인류의 발전에 따른 하나님의 점진적 계시를 믿는다. 하나님은 인류의 구원을 위하여 인류의 성숙 정도에 따라 여러 인물들을 보낸다. 바하이교는 그런 인물들이 모두 하나님의 현시자들이라고 믿는다. 하나님은 자신이 보낸 현시자들을 통해 자신을 나타낸다. 그래서 그들을 하나님의 현시자 곧 하나님을 드러내는 자라고 부른다. 인류 역사상의 종교들은 하나님이 보낸 현시자를 통해 인간의 성숙 정도에 맞는 가르침을 계시하여 세운다. 주요 종교의 창시자들인 아브라함, 모세, 예수, 무함미드, 크리슈나, 부처, 조로아스터는 모두 하나님이 보낸 현시자들이다. 이 시대에 하나님이 보낸 현시자는 바하올라이다. 바하올라는 당연히 인류의 마지막 현시자가 아니다. 바하올라는 자신 이후 대략 1000년이 지난 다음 더욱 성숙한 인류에게 하나님은 새로운 현시자를 보내 더 고차원의 진리를 가르칠 것이라고 예언했다.

2) 혈통적 승계에서 선출로

바하올라는 유서에서 자신의 장남 압돌바하를 후계자로 임명했다. 이 유서에 따라 압돌바하는 바하올라의 계시를 해석할 수 있는 유일한 권한을 갖고 바하이 공동체를 이끌었다.[4] 압돌바하는 유서에서 자신의 외장손자 쇼기 에펜디를 바하올라의 계시를 해석할 수 있는 유일한 후계자 '하나님 대업의 수호자'로 임명했다. 쇼기 에펜디는 자녀가 없었으며, 후계자를 임명하지 않은 채 갑자기 세상을 떠났다. 그 후 바하이교의 최고 권위는 더 이상 혈통에 의해 승계되지 않고 9명으로 구성된 세계정의원이란 기구에 주어져 오늘에 이르고 있다.

압돌바하와 쇼기 에펜디가 바하올라의 최고 권위를 승계 했지만, 그들은 구세주가 아니며 하나님의 현시자가 아니다. 그들은 하나님의 현시자 바하올라가 받은 계시에 대한 해석의 최종 권한을 가지며, 공동체를 이끄는 조직의 대표들이다. 그러나 바하올라의 가르침을 해석한 그들의 저서들은 바하올라의 저서들(바하이교 경전) 다음으로 권위를 갖는다. 후계자의 임명도 계시적인 것으로 받아드리며, 혈통적 승계에서 협의체로 권위가 이양된 것도 계시적인 것이라고 받아드린다. 바하이교 안에서 바하올라와 압돌바하는 신앙의 대상이 되며, 쇼기 에펜디는 존경의 대상이다.

---

4) 압돌바하가 후계자로 임명 받았을 때, 일부 친척과 신자들과이 반대하였다. 그들은 압돌바하의 정통성을 부인하고 온갖 수단으로 공동체를 분열시키려고 했다. J. E. 에슬몬트, 『바하올라와 신시대』, 김창진 옮김 (서울: 한국바하이출판사, 2009) 3판, 74-75. 바하이한국공동체 홈페이지에서 제공하는 PDF 파일 형태로 참고했다. <http://www.bahai.or.kr/books/bookshelf/bahaullra.PDF>

바하올라가 설계한 바하이 공동체의 행정체제(권위구조의 성격을 가짐)에서 최고 권위의 두 축은 수호자와 세계정의원이었다. 수호자로 임명받은 쇼기 에펜디는 세계정의원의 구성을 구체적으로 추진하는 과정에 있었으나 그것을 이루지 못하고 사망했다. 쇼기 에펜디가 후계자를 지명 하지 않은 채 사망했기 때문에 바하이 공동체 안에 후계자 문제가 대두되었다. 쇼기 에펜디가 생전에 임명했던 31명으로 구성된 '성업선양자'가 잠시 바하이교를 이끄는 과도기적인 기능을 맡아 쇼기 에펜디가 추진했었던 세계정의원의 구성을 계속 추진했다. 6년 후 전 세계 국성회의원들이 모여 세계정의원을 구성함으로써, 그때부터 세계정의원만이 바하이교를 대표하며 바하이 공동체를 이끌게 되었다. 세계정의원은 바하올라가 처음부터 구상한 초국가적인 행정기구였으나 그것을 수립할 수 있는 역량이 갖추어 질 때까지 미루어져 왔었다. 바하올라 때부터 압돌바하, 쇼기 에펜디를 거치면서 세계정의원의 구성은 지속적으로 추구되어 왔었다.[5)]

3) 성직자 제도 없음

바하이교에 의하면 현재 인류는 스스로 자유롭게 경전을 연

---

5) "바하올라가 설계하고, 압돌바하가 구체화 하고, 쇼기 에펜디가 구축한..."

구하고, 독자적으로 진리를 탐구할 수 있을 정도로 영적으로 성숙했다. 거꾸로 말하면 현재는 인류가 스스로 진리를 통해 성숙해 나가야 하는 새로운 시대이다. 따라서 인간의 영적 성숙은 누가 가르쳐 주는 것이 아니라 각자 개인 스스로 노력을 통해 성취해 나가야 한다. 이런 이유로 바하이교에서는 하나님과 인간 사이에 중보의 권위를 갖는 성직자가 없다. 인간은 각자 직접 하나님을 향해 나아갈 수 있다.

성직자 제도가 없는 또 다른 이유는 인류를 하나님 이외의 모든 것으로부터 독립시키려고 하는 것이다. 인류가 하나의 구심점인 하나님을 향해 나아갈 때 진정한 "융합"을 이루 수 있다. 인류는 바하올라의 가르침을 스스로 공부하여 영적으로 성숙하고 하나님에게 나갈 수 있으며 그래야 한다. 영적 성숙은 개인의 의무이다. 매년 또는 매5년마다 선출되는 바하이교 지역 공동체 책임자, 국가적 공동체 책임자, 세계적 공동체 책임자들은 모두 중보적 권위를 갖는 성직자가 아니라 공동체에 봉사하는 사람들이다. 따라서 그들은 보수를 받지 않는다.

4) 집단적 의사결정

바하이교는 융합의 정신에 기초한 집단적 의사결정을 대단히 중요하게 여긴다. 융합을 추구하는 집단적 의사결정은 바하올라 자신의 핵심적인 가르침이며, 바하이교 행정과 권위체계의 핵심 사상이다. 다양한 인류가 하나로 융합할 수 있는 방법은, 융합의 정신에 기초하여 다양한 의견을 자유롭고 적극적으로 제시하고 토론하여 하나의 결론에 이르는 협의의 과정과, 그에 따르는 집단적 의사결정이다.

의사결정의 방법은 만장일치를 추구하되 그것이 불가능하면 과반수이상의 찬성으로 결정한다. 바하이교는 이러한 협의와 만장일치(부득이하면 과반수)의 방법이 다양한 의견 차이를 조정하여 하나로 융합할 수 있게 만드는 최선의 방법이라고 보고 그것에 입각해 행정체계와 권위체계를 구성하고 움직인다. 바하이교는 융합의 정신에 기초한 공정하고 이상적인 협의와 의사결정이 이루어지도록 이를 위한 세밀한 가이드라인을 제시하고 있다.[6)]

---

6) "바하이 협의는 분파주의를 배제하며, 집단적 의사결정의 원칙을 그 특징으로 합니다. 이러한 협의 원칙은 바하이 공동체 활동의 모든 영역에서 매우 중요한 역할을 합니다. 바하이 협의는 구체적으로 다음과 같은 특징을 갖고 있습니다. ① 협의에 앞서 우선 최대한 광범위하게 관련 정보를 구하고, 가능한 한 다양한 관점의 견해를 구해야 합니다. 해당 분야 전문가의 견해, 다양한 배경을 지닌 공동체 구성원들의 의견이 진지하게 고려되어야 합니다. ② 협의 중에는 참석자들이 최대한 솔직하고 허심탄회한 태도로 소신 있게 자신의 견해를 피력하고, 동시에 다른 이들의 견해를 공손하게 경청해야 합니다. 어떤 개인에 대한 공격이나 모든 종류의 편견에서 비롯된 발언은 지양되어야 합니다. ③ 일단 어떤 의견이나 아이디어가 개진되면, 그것은 더 이상 특정 개인이나 특정 그룹의

바하이교는 심지어 일치된 의견이 잘못되었다 하더라도, 그것은 분열된 채 옳은 의견을 결정하는 것보다 더 귀하다고 말한다. 일치된 잘못된 의견은 차후 바로 잡힐 것이지만, 분열이 시작되면 그것은 더 큰 문제를 일으킬 것이라고 보기 때문이다.7)

이러한 협의와 집단적 의사결정이라는 기본 입장은 지역 공

소유물이 아니라 그룹 전체에 속한 것이 됩니다. 이 말은 단순하게 들릴 수 있지만, 바하이 협의의 본질을 이해하는 데 필수적인 사안입니다. 이것을 분명히 이해하면, 협의에 참여한 사람들은 더 이상 자기 자신이나 자신이 속한 분파를 위한 의견이 아니라, 진심으로 그룹 전체의 안녕과 발전을 위한 의견을 개진할 수 있게 됩니다. ④ 바하이 협의는 만장일치를 지향합니다. 그러나 만장일치가 여의치 않으면 다수결 원칙을 채택할 수도 있습니다. 일단 결정이 내려지면, 개인적인 지지 여부와 상관없이 그룹 전체가 일체가 되어 그 결정을 따라야 합니다. 이것은 공동체의 발전을 위한 영적 의무이며, 바하이 협의의 또 다른 특징입니다. 그러므로 바하이 협의에서는 '소수 의견'이나 '반대 입장'이 존재하지 않습니다. ⑤ 만약 어떤 결정이 잘못된 결정이었다면, 그 점은 결정이 수행되는 과정에서 저절로 밝혀질 것입니다. 단 의사결정에 참여했던 사람들은 물론 공동체가 그 결정을 전심으로 지지했을 때만 그렇습니다. 그러면 실패의 원인이 결정과 관련된 아이디어 자체에 있지, 공동체의 지지가 부족해서거나 반대자들의 저항 때문이 아니라는 점이 명료해지게 됩니다. 이렇게 실패의 원인이 분명히 밝혀지면, 추후에는 보다 바람직한 결정을 할 수 있게 됩니다. ⑥ 바하이들에게 협의란 단순한 의사결정이나 갈등조정의 의미를 넘어서, 궁극적으로는 융합이 지닌 신성한 힘을 이해하기 위한 필수적인 과정입니다. 그러므로 압돌바하는 어떤 경우, 어떤 문제에 있어서든 먼저 융합을 추구해야 한다고 강조했습니다."

7) 압돌바하는 다음과 같이 말한다. "그들이 어떤 주제에 대해 의견의 일치를 보았다면, 설사 그것이 그릇된 결정이라 하더라도 일치를 보지 못한 채 옳은 결정을 한 것보다 낫습니다. 그들 사이에 이견이 상존하면 그것은 신성한 토대를 훼손할 것이기 때문입니다. 비록 어느 한 편이 옳은 방향을 향해 있더라도 그들 사이에 일치가 없다면, 그것은 수천의 오류를 낳은 원인이 됩니다. 그러나 양 편이 모두 그릇된 방향을 향해 있더라도 그들이 서로 일치한다면, 융합 속에서 진리가 스스로 그 모습을 드러낼 것이며, 그를 통해 오류는 바로 잡히게 될 것입니다."

동체에서부터 종교적 의식으로 제도화 되어 있다. 바하이교 신자들의 정기적 모임인 '19일 축제'는 크게 3부로 구성된다. 1부는 바하올라의 저서를 함께 읽고 낭송하는 예배, 2부는 공동체의 제반 사안 협의, 3부는 식사와 오락 등을 통한 친교이다. 지성회는 협의 내용을 경청하고 의사 결정에 반영한다.

5) 선거활동 없는 민주적 선거

아홉 명 이상의 바하이교 신자가 거주하는 지역에서는 매년 지성회(地聖會, local spiritual assembly) 의원 9명을 융합의 정신에 기초하여 직접, 보통, 평등, 비밀선거로 선출한다. 만 21세 이상의 모든 바하이교 신자들은 선거권과 피선거권을 갖는다. 선거를 위한 정치적 활동은 금지된다. 후보의 추천이 없고, 각자 신앙적 양심의 판단에 따라 의원으로서 가장 적합하다고 생각되는 사람에게 투표한다(9명의 이름을 쓴다). 전 세계 모든 지성회의 선거일은 매년 4월 21일, 바하올라의 선언을 기념하는 레즈완 축제 첫 번째 날로 고정되어 있다. 지성회 의원들이 모여 직접, 보통, 평등, 비밀 선거로 국성회(國聖會, national spiritual assembly) 의원 9명을 선출하며, 전 세계 국성회 회원들이 모여 직접, 보통, 평등, 비밀 선거로 세계정의원의 9명의 의원을 선출한다. 다만 지성회와 국성회 선거에서 남녀는 모두 피선거권을 갖지만, 세계정의원 선거에서 피선거권은 남성만 갖는다.

6) 권위구조

바하이교의 중간 권위와 최종 권위는 모두 개인이 아닌 기구에 주어진다. 기구의 의원직은 무급 봉사직이다. (1) 지성회: 지역 공동체는 선거를 통해 지성회(地方神聖會, Local Spiritual Assembly) 의원 9명을 선출하고, 지성회는 해당 지역 공동체를 대표하고 그 공동체의 제반 업무를 결정한다. 지성회 의원들의 임기는 1년이며 연임 가능하다. (2) 국성회: 한 나라의 바하이교 신자들은 1년에 한번 씩 전국대회[8]를 통해 그 나라의 바하이교 신자들을 대표하는 9명의 국성회(全國神聖會, National Spiritual Assembly) 의원을 선출한다. 전국대회는 매년 1회 개최되는 국가 단위의 회의로서, 일시적이지만 하나의 기구로서 기능한다. 구성원은 한 국가의 바하이교 신자들이 직접 선출한 대의원들이다. 신자 수에 비례하며 선거

8) 전국대회는 매년 1회 개최되는 국가 단위의 회의로서, 일시적이지만 하나의 기구로서 기능한다. 구성원은 한 국가의 바하이교 신자들이 직접 선출한 대의원들이다. 신자 수에 비례하며 선거구별로 선출한다. 전국대회는 매년 신임 국성회 의원 9명을 선출하며, 동시에 신임 국성회에 권고와 건의를 한다.

구별로 선출한다. 전국대회는 매년 신임 국성회 의원 9명을 선출하며, 동시에 신임 국성회에 권고와 건의를 한다.국성회 의원들의 임기도 1년이며 연임 가능하다. 국가 단위의 바하이교 공동체를 대표하며, 국가 단위의 제반 업무를 결정한다. 지성회, 국성회는 산하에 필요한 전문 위원회를 둘 수 있다. (3) 세계정의원: 전 세계의 국성회 의원들은 5년에 한번 씩 세계대회에 모여 9명의 세계정의원(世界正義院, Universal House of Justice)을 선출한다. 세계정의원은 전 세계 바하이교를 대표하며 최종 권위를 갖는다. 일반적으로 정치학에서 말하는 삼권분립은 없는 것 같다.

바하이교는 자신의 최고권위 기구인 세계정의원을 종교적으로 신성화한다. 바하이교는 세계정의원 조직이 이미 바하올라의 율법서인『케타베악다스』에 명시되어 있는 조직으로서, 선(善)의 원천이며 항상 옳은 결정을 한다고 믿는다. 바하이교 공동체에서 세계정의원의 결정은 절대적이며 최종적이다. 세계정의원은 경전에 명시되지 않은 사안들(시대에 따라 새롭게 등장하고 변함)에 대해 최종 해석을 내리고 바하이교 공동체는 그 해석을 하나님의 뜻으로 믿고 따른다. 세계정의원이 최종적으로 결정한 것은 하나님이 뜻하고 바라시는 것이라고 믿는다. 세계정의원 조직은 하나님의 목적이며 하나님이 인도한다고 믿는다.

바하이교는 선출에 의한 권위구조와 더불어 권위자 또는 권위기구에 의해 임명된 조직도 갖는다. 쇼기 에펜디에 의해 임명된 성업선양단과 그 전통을 잇기 위해 세계정의원이 임명한 대륙고문단이 그것이다.

3. 천일국 초대 헌법에 나타난 권위구조

천일국 초대 헌법에 의하면 천일국의 최고 권위는 참부모님에게 있다. 참부모님의 임명에 의해 13명의 천일국최고위원회(天一國最高委員會)가 구성되며, 천일국최고위원회(이하 최고위원회로 표기)는 참부모님을 제외하면 천일국에서 최고 권위를 갖는다. 초대 헌법에 의하면, 참부모님의 성화 후에는 최고위원회가 천일국의 최고 권위를 갖게 된다. 초대 헌법은 참부모님 이후 천일국의 최고 권위를 개인에게 부여하지 않고 13명으로 구성된 기구에 부여했다. 최고위원회는 협의를 통해 만장일치로 의결하며, 부득이 만장일치가 불가능하면 재적인원 3/4 이상(즉 10명 이상)의 찬성으로 결정한다.

최고위원회 아래 5권의 실행 기구가 있다. 행정권을 갖는 천정원(天政苑), 입법권을 갖는 천의원(天議苑), 사법권을 갖는 천법원(天法苑), 재정권을 갖는 천재원(天財苑), 언론권을 갖는 천공원(天公苑)이 5권의 기구이다. 각각의 기구의 수장들은 참부모님에 의해 임면되고, 최고위원회 위원이 된다. 최고위원회 위원들과 5권의 수장들은 무급 봉사직이다.

천일국 초대 헌법은 중앙의 기구들과 함께 지역단위 자치조직에 대해 규정한다. 지역단위 자치조직은 대륙단위 교회자치와 국가단위 교회자치가 있다. 대륙회장은 세계회장(천정원장)의 제청으로 참부모님이 임명하고, 임명권자가 해임할 수 있다. 국가메시아는 참부모님이 임명하고 해임할 수 있으며, 국가회장은 해당 국가의 정한 바에 따라 임면되며, 참부모님 승인을 얻어 최종 확정된다.

천일국 초대 헌법은 천의원(天議苑)의 의원 중 천일국 국민들의 선거에 의해 선출된 선출직 의원을 둔다. 천일국 초대 헌법에 의하면, 천일국의 선거는 보통, 평등, 직접, 비밀, 추천추첨 선거이다.

4. 천일국과 바하이교의 권위구조 비교 고찰

1) 참부모님의 최고권위와 그 이후의 최고권위

천일국 초대헌법에 의하면 참부모님은 유일한 인류의 재림 메시아 구세주로서 참시조이고 천주평화의 왕으로서 천일국의 최고권위를 갖는다. 그러나 참부모님 이외의 모든 사람들은 구세주, 참시조, 천주평화의 왕이 아니다. 참부모님 이후 천일국의 최고권위는 구세주가 아닌 사람(들)에게 부여된다. 통일신학에서 메시아 구세주는 인류 역사상 오직 참부모님밖에 없다. 참부모님과 다른 종교 창시자들은 그 가치와 위상이 다르다. 하나님의 유일한 아들딸 독생자 독생녀가 하나님을 중심으로 성혼하고 일체가 되어 인류의 참시조 참부모님이 되기 때문이다. 바하올라는 여러 현시자들 중의 한명이지만, 참부모님은 인류 역사상 유일한 구세주이다.

참부모님이 성화한 후에도 참부모님 양위분은 함께 천주적으로 천일국을 주관한다. 참부모님의 권위와 왕권은 누구에게 승계되는 성질의 것이 아니다. 따라서 참부모님 이후 지상 천일국의 최고권위는 참부모님의 자리가 아니며, 참부모님의 위상을 가질 수 없다. 참부모님은 구세주로서 절대적인 권위를 갖지만, 참부모님 이후 지상 천일국의 최고권위는 자녀인 천일국 국민들 곧 상대적인 인간들로 구성된다.

바하이교도 구세주 바하올라의 권위와 그를 계승한 후계자들의 권위가 다른 차원임을 구분한다. 후계자들은 현시자가 아니며, 현시자가 받은 계시를 해석할 권한을 갖고 조직의 수장으로서 기능한다. 그러나 바하이교에서 현시자와 그 후계자의 구분은 천일국에서보다 약하다. 바하이교에서 압돌바하(2대)는 바하올라와 더불어 신앙의 대상으로까지 위상이 높아지며, 쇼기 에펜디(3대)는 바하이교의 수호자로서 일반 바하이들과 구별되는 성스러운 존경의 대상이란 위상을 갖는다.

천일국에서는 참부모님 이외에 신앙의 대상은 없으며, 성스러운 존경의 대상이란 위상도 없다. 참부모님과 천일국 국민 사이에 성스러운 계층은 없다. 천일국 국민들은 하나님과 참부모님 아래 서로 형제자매로서, 그들 사이의 차이가 있다면 그것은 형 누나와 동생의 관계, 성숙한 형제자매와 미숙한 형제자매의 관계이다. 참부모님 이후 천일국의 최고권위를 부여받은 국민의 대표자들도 임기동안 형제자매로서 형제자매를 위해 봉사하는 것이다. 천일국 헌법이 지향하는 공생공영공의주의에서 공영주의는 형제의, 형제에 의한, 형제를 위한 정치를 의미한다.

2) 최고권위 임명인가 선출인가

바하이교 초기에는 선임 최고권위자가 임명한 후계자에게 최고권위가 계승되었다. 그 임명은 결과적으로 혈통에 기초해 있었다. 바하올라(1대)가 자신의 장남 압돌바하(2대)를, 압돌바하는 자신의 외장손자 쇼기 에펜디(3대)를 후계자로 임명했다. 그러나 바하이교에 의하면, 바하올라 시대부터 압돌바하, 쇼기 에펜디에 이르기까지 9명으로 구성된 세계정의원 조직이 구상되고 추진되었다. 결국 쇼기 에펜디가 자녀도 없고 후계자도 지명하지 않은 채 갑자기 사망하자 외적으로 볼 때는 어쩔 수 없이 세계정의원 기구가 바하이교의 최고권위를 부여받는 것처럼 보이지만, 세계정의원 기구의 구성은 바하올라 때부터 구상되고 추진되어 왔다는 것이다. 즉 쇼기 에펜디(3대) 자신이 생전에 세계정의원의 구성을 완성하려고 했었다. 왜냐하면 이 조직은 다양한 인류를 융합시키는 유일한 방법이라고 바하올라 자신이 강조했기 때문이다. 초기에 임명을 통한 계승은 세계정의원을 구성할 역량이 아직 모자란 시기에 행해진 것이다. 바하이교는 처음부터 아래로부터의 선출에 의한 9명의 대표자들로 구성된 협의체에 바하이교의 최고권위를 부여하려는 이상을 가졌었다는 것이다.

천일국 초대 헌법에 의하면, 참부모님 이후 시대에 지상 천일국의 최고권위는 최고위원회에게 있다. 따라서 여기에서는 최고위원회를 중심으로 비교 고찰 하겠다. 기본적으로 최고위원회 위원은 참부모님에 의해 임명되거나 또는 천의원에 의해 선출되어 참부모님으로부터 승인을 받는다. 현재 천의원이 구성되지 않았으므로, 선출직은 위원은 불가능하며 얼마 전 구성된 제1대 최고위원회의 모든 위원들은 참부모님으로부터 임명받았다. 최고위원회 위원장은 참부모님가정 중에서 임명된다.[9)]

이렇게 구성되는 최고위원회는 혈통에 기초한 권위와 선출에 의한 권위가 함께 종합된 성격을 갖는다. 천일국 헌법은 바하이교의 초기에서처럼 참부모님의 최고권위를 특정 개인에게 혈통을 조건으로 승계시키지 않는다. 그 대신 처음부터 천일국 국민들의 대표 13명으로 구성된 기구가 이어 받도록 규정하고 있다. 동시에 최고위원회 위원장은 참부모님가정에서만 선출되도록 규정함으로써, 혈통적 권위 승계의 요소를 부분적으로 포함하고 있다. 전체적으로 보면 최고위원회의 의결은 위원장을 포함한 13인의 위원들 전체가 만장일치 또는 부득이할 경우 3/4이상의 찬성으로 이루어지므로, 위원장을 비

9) 30조 1항 "위원장은 참부모님가정 중에서 참부모님이 임명하며, 천정원(天政苑)의 세계회장직을 겸한다."

롯한 누구도 독단적으로 결정하지 못한다. 혈통에 의한 권위는 사안에 대한 결정권의 영역이 아니라, 위원장이라는 명예와 존경의 영역에서 나타난다. 동시에 천정원의 수장으로서 그 기구를 통솔하는 실질적 권한을 갖는다.

천일국 헌법이 최고위원회와 관련하여 이러한 내용들을 규정하고 있지만, 최고위원회에 대한 원리적 근거가 좀 더 필요하다. 예를 들어 천일국은 왜 집단으로 구성된 협의체 기구에게 최고권위를 부여해야 하며, 또 왜 국민들의 선출에 의해서 최고권위를 구성해야 하는가 등에 대한 신학적 설명이 충분히 동반되지 않았다. 『천일국헌법해설: 법원(法源)편』에서도 이 점은 잘 드러나지 않는다. 바하이교는 왜 집단에게 최고권위를 부여하며 왜 선출로 잡단 구성원들을 선출해야 하는지에 대한 답을 명시적으로 말한다. 그것은 그 방식이 다양한 인류를 융합시킬 수 있는 최고의 유일한 방식이라는 것이다. 천일국 초대 헌법은 권위구조에 대한 신학적 기초를 보다 정립할 필요가 있다.

3) 최고권위의 종교적 의미

참부모님 이후 천일국최고위원회는 어떤 종교적 의미를 가져야 할까? 바하이교의 경우 최고권위 기구인 세계정의원은 종교적으로 신성화 된다. 동시에 그 의원들은 5년 임기로 선출된다. 세계정의원은 하나님이 계시한 최고권위 기구이며 하나님은 그 기구의 해석과 결정을 통해 자신의 뜻을 드러낸다. 하나님은 세계정의원을 인도하며 따라서 그의 판단은 항상 옳다. 이러한 관점에 대해 두 가지 면에서 생각해 볼 수 있다. 첫째, 종교가 기반이 된 공동체에서 최고권위는 종교적 의미를 가질 필요가 분명히 있다. 즉 공동체의 최고권위와 그의 결정은 적어도 하나님과 어떻게든 연결되어야 한다. 그것이 없으면 그 공동체는 종교적 공동체가 아닌 세속적 공동체일 것이며, 그 권위는 종교 공동체의 구심점이 되기 어렵다. 둘째, 그러나 최고권위가 종교적으로 지나치게 신성화 되어 아무도 그 권위를 반성할 수 없다면, 불완전한 인간(들)의 판단이 완전한 것처럼 절대시 되어 문제가 발생할 수 있다. 왜곡된 종교적 권력은 가장 파괴적일 수 있다. 따라서 종교가 기반이 되는 공동체에서 최고권위는 종교적 의미를 갖되 그에 대해 반성할 수 있도록 제도화 될 필요가 있다.

바하이교의 세계정의원 제도는 이 정신을 어느 정도 반영하고 있다고 볼 수 있다. 세계정의원 의원들의 임기는 5년이며 매 5년마다 새로 선출한다. 이 제도는 결과적으로 세계정의원이 5년마다 새로워지고 따라서 새로운 리더십이 출현하게 함으로써 5년마다 최고권위를 반성하는 효과를 가져 올 수 있다. 한편으로는 세계정의원을 신성시 하면서, 다른 한편으로는 결과적으로 매 5년마다 반성하고 갱신한다. 다만 5년 동안에도 신성시된 조직이 문제를 일으킬 가능성은 충분히 있으며, 연임도 가능하므로 문제된 최고권위가 지속될 가능성이 있는 문제가 있다고 볼 수 있다.

천일국의 최고위원회를 이 관점으로 바라볼 필요가 있다. 우선 참부모님 이후 천일국에서 최고권위를 갖는 최고위원회는 천일국의 사상에 기초한 신학적 의미를 가져야 한다. 그렇지 않으면 최고위원회는 세속적인 정치구조로만 보일 뿐이다. 예를 들면 바하이교에서처럼, 하나님과 참부모님이 최고위원회를 인도한다 또는 최고위원회를 통해 그 뜻을 드러낸다 등과 같은 종교적인 의미가 최고위원회에 부여되어야 한다. 그러나 최고위원회가 그러한 종교적 의미를 부여받더라도, 최고위원회 위원들이 특수한 계층이라는 의미는 아니다. 최고위원회 위원들은 형제자매로부터 존경받는 형제자매의 대표로서, 전체 형제자매를 위해 봉사한다는 본질은 바뀌지 않는다.

한편 최고위원회의 권위는 공동체적으로 반성될 수도 있어야 한다. 아무리 하나님과 참부모님이 함께 인도한다 하더라도 인간책임분담의 영역에서 다른 결과가 나타날 수 있기 때문에 반성은 필요하다. 일단 이 필요성은, 바하이교의 경우에서처럼, 위원들이 선출되고, 선출된 위원들의 임기가 4년이며, 최대 12년까지 중임할 수 있다는 규정에 의해 어느 정도 충족된다. 더 나아가 천일국헌법은 바하이교에 없는 더 강력하게 최고권위를 견제하는 제도를 가지고 있다. 천의원의 탄핵소추권이 그것이다.[10] 천의원은 최고위원회의 위원이 헌법과 법률을 위반할 경우 탄핵소추를 의결할 수 있다.

조심해야 할 점은 만일 최고위원회의 잘못될 가능성을 지니치게 염두에 두고 최고위원회를 감시한다면, 그것은 최고위원회의 종교적 의미를 퇴색시키고 공동체의 종교성·영성을 약화시킬 수 있다는 것이다. 천일국에서 최고위원회는 기본적으로 국민들로부터 진심으로 존경과 신뢰를 받을 수 있는 기구가 되어야 한다. 통치적 기능에서 뿐만 아니라 종교적 차원에서도 최고권위를 가질 수 있어야 한다. 종교 공동체 안에서 최고권위가 항상 의심의 대상이라면, 이것은 그 종교가 성숙한 인간을 배출하지 못한다는 것을 함축 할 수도 있다.

10) 58조 1항 천의원은 공직자가 그 직무를 수행함에 있어서 헌법이나 법률을 위반할 경우에 해당 공직자의 탄핵소추(彈劾訴追)를 의결할 수 있다.

4) 중보적 권위

바하이교에는 성직자가 없다. 이제 모든 인간은 스스로 진리를 배우고 익혀 성숙할 수 있으며 하나님에게 나갈 수 있다. 역사를 통해 인류가 성숙해 왔기 때문이다. 그러므로 하나님과 인간 사이에 중보적 권위를 갖는 성직자는 필요 없다. 천일국은 어떠한가? 천일국 초대 헌법은 공직자에 대해 규정한다. 공직자란 현재 천일국 중앙 기구의 책임자들과 세계평화통일가정연합의 교회조직과 NGO 기관들을 이끄는 지도자들로 보면 무리가 없을 것이다. 그 중에서 특히 천일국 안에서 교회 지도자들은 어떤 성격을 갖는가? 바하이교가 거부한 성직자인가? 아니면 유대교 랍비나 이슬람교(순니파) 이맘 같은 교육자인가? 천일국 행정기관의 책임자인가? 아니면 다른 무엇인가? 이 질문에 명확히 대답하기 위해서는 천일국 안에서 교회 지도자의 성격에 대한 이해가 좀 더 심화될 필요가 있다. 아직 우리는 이 질문에 대한 명확하게 답을 하기 어려운 것 같다.

필자의 관점에서 원론적인 이야기만을 해본다면 다음과 같다. 모든 천일국 백성은 하늘부모님의 자녀이며, 참부모님의 자녀로서, 형제자매의 관계이므로, 교회지도자와 천일국 국민 사이의 관계도 기본적으로 형제자매의 관계로 이해되어야 할 것 같다. 이미 모든 천일국 국민은 하늘부모님과 참부모님의 자녀이므로 누가 누구를 하나님에게 인도한다는 중보라는 개념은 성립되지 않는다. 천일국 국민은 자신의 이름으로 하늘부모님에게 직접 보고하며, 신인애일체를 이루고자 한다. 형제자매는 함께 서로 도와 말씀을 배우고 익히며 그럼으로써 함께 성장한다. 성숙한 형제자매가 아직 미숙한 형제자매를 이끌어 준다. 이것을 위해 참부모님 말씀을 가르치고 배우는 교사와 학생의 기능은 당연히 필요하다.

또한 이러한 천일국에서 훈독회의 중요성은 더욱 부각된다. 천일국 국민들은 참부모님의 말씀을 통해 스스로 또는 함께 성장할 수 있으며 성장해야 한다. 또한 형제자매들의 대표들은 앞장서서 전체 형제자매를 위해 봉사할 수 있어야 한다. 교회의 공적인 자리에 있는 사람은 천일국 국민으로부터 모심을 받는 권위가 아니라 국민을 모시려는 권위 곧 국민에게 봉사할 수 있는 권위를 갖는다. 이런 관점으로 볼 때, 천일국에서 교회공직자의 기본적인 성격은 일반 국민보다 더 성스러운 중보자가 아니라, 훈독회를 중심으로 어린 형제자매를 이끌어주고 도움이 필요한 형제자매를 도와주는 성숙한 형제자매라고 이해된다.

5) 천일국최고위원회와 5권(五權)의 협조와 견제

바하이교의 통치구조에 삼권분립(三權分立)을 통한 견제와 균형이란 내용은 없는 것 같다. 세계정의원은 바하이교 공동체의 삼권 기능들을 모두 가지고 있다고 말 할 수 있다.[11] 바하이교는 이와 같은 자신들의 통치구조가 인류를 융합시키기 위한 가장 우월한 체제라고 말한다. 이와 다르게 천일국 초대 헌법은 최고위원회 아래에 5권(五權)을 두었다. 『천일국헌법해설: 법원(法源)편』에 의하면, 천일국최고위원회와 그 아래의 5개 기구들이 서로 '협조하고 견제'하는 구조이다.[12] 이에 대해 다음을 생각해보자.

첫째, 최고위원회 아래 5권이 있다는 것은, 5권분립(五權分立) 위에 5권을 모두 관장할 수 있는 최고권위가 있다는 것이다. 최고위원회는 5권의 기구들로부터 올라오는 모든 주요 사안들을 심의하고 의결한다. 이것은 최고위원회가 5권의 기능을 종합한 기능을 갖는다는 것을 의미한다. 이 점에서 최고위원회는 바하이교의 세계정의원과 유사하다고 볼 수 있다. 천일국이 5권을 통괄하는 상위의 최고위원회 조직을 갖는다는

---

11) 단 세계정의원 아래 다양한 기능의 전문 위원회들을 둘 수 있다.
12) 세계평화통일가정연합, 『천일국헌법해설: 법원(法源)편』 (서울: 성화출판사, 2014), 94-99.

것은, 천일국의 정치구조가 삼권분립을 기본으로 하는 민주주의 정치구조와 다소 다른 정치구조임을 의미한다. 한편으로는 민주주의 국가들처럼 5권의 기능들 사이의 협조와 견제를 요구하면서, 다른 한편으로 상위의 권위조직이 5권을 통괄하는 구조이다.

이러한 구조는 세계평화통일가정연합의 문헌 속에 명시적으로는 나타나지 않는다.13) 『원리강론』에는 삼권분립이 이상세계의 정치 구조라는 설명만 나오고, 말씀 속에는 하나님 나라가 5권분립의 구조를 갖는다는 설명만 있다. 5권을 통괄하는 최고위원회라는 기관은 다분히 현실 경험으로부터 귀납적으로 도출되었다고 볼 수 있다. 그러나 어떤 기관보다도 최고 권위 기관은 말씀에 기초한 신학적 근거가 필요하다. 그래야 보다 설득력 있는 종교적 의미를 가질 수 있을 것이다.

둘째, 바하이교와 달리 천일국 헌법은 5권이 분립되어 상호 협조하고 견제하는 것을 통치권의 주요한 구조적 요소로 규정한다. 천일국은 5권을 분립한 정치 구조가 다양한 인류를 보다 더 잘 조화시키고 융합시킬 수 있으며 보다 효과적으로 공동체를 운영할 수 있는 구조임을 장차 경험적으로 보여주어야

---

13) 필자가 살펴 본 범위에서는 그런 내용을 찾지 못했다. 그리고 만약 그런 내용이 있다면 『천일국헌법해설: 법원(法源)편』에 나왔을 것이다.

할 것이다.

셋째, 최고위원회와 5권이 "상호협조 및 견제"를 한다는 설명에서 '견제'라는 표현은 삼권분립에 대한 『원리강론』의 설명에 나타나지 않는 낯선 표현이다. 그러나 견제라는 표현의 의미는 『원리강론』에 기초해 긍정적인 의미로 이해될 수 있다. 『원리강론』에 의하면 삼권분립은 이상세계의 정치 구조이며, 분립된 이유는 상호 협조를 통해 보다 좋은 결과를 만들기 위해서이다. 『원리강론』은 이상세계의 입법, 사법, 행정의 3기관이 "하나님의 명령에 의하여 서로 원리적인 수수의 관계를 맺을 수 있어야 한다"고 말한다.[14] 여기서 '원리적인 수수의 관계'가 '상호협조 및 견제'라는 의미로도 해석될 수 있을 것 같다. 그리고 그 해석은 창조원리적인 측면과 현실적인 측면의 양면을 갖는다.

창조원리적인 측면이란 원래 이상세계의 5권은 서로 견제하는 기능을 가져야 한다는 것이다. 그런데 이때 견제란 대립과 충돌이 아니라 적절한 균형과 조화를 이루도록 조정하고 절제시키는 작용이다. 이상세계의 구조는 완성한 인간 하나의 구조를 닮았다. 『원리강론』에 의하면, 입법은 폐장, 사법은 심장, 행정은 위장에 해당된다. 그런데 인체의 구조를 보면, 인

---

14) 『원리강론』, 498.

체의 각 기관들은 한편으로는 서로 상대방의 활동을 도우면서 동시에 다른 한편으로는 상대방의 기능이 너무 항진되지 않도록 억제한다. 그럼으로써 인체의 기관들이 그 기능면에서 서로 균형을 이루고 조화롭게 상호작용하도록 만든다.

이것은 오행이론과 한의학을 참고하면 쉽게 이해된다. 오행은 목화토금수(木火土金水)이고, 이것은 각각 인체의 간장, 심장, 위장, 폐장, 신장에 해당한다. 다섯 개의 인체의 기관들은 오행의 원리에 따라 한편으로는 다른 기관을 자극하며, 다른 한편으로는 또 다른 기관을 절제시킨다. 인체의 구조가 이렇게 작용한다면, 이것을 닮은 기구들의 상호작용도 이와 유사하다고 볼 수 있다. 5권은 한편으로는 서로 지원하며 동시에 다른 한편으로 서로 지나치게 그 기능이 항진되지 않도록 절제시킬 수 있다. 그럼으로써 5권의 기능이 서로 균형을 갖추고 조화롭게 협력하게 되어 천일국을 원활하게 운영해 나갈 수 있게 된다. 천일국헌법 해설서가 말하는 '견제'란 이와 같이 어떤 기관의 기능이 지나치게 항진되지 않도록 서로 조절하여 조화로운 균형을 유지하는 작용을 의미할 수 있다.

이런 의미의 견제란 5기관이 "질서와 조화를 잃어버리고 항상 대립하고 충돌"하는 방식으로 상호 견제하는 것이 아니라, 보다 조화로운 상호작용을 위해서 기능을 서로 조정하는 작용이다. 천일국 헌법에서 5권을 분립한 것은 권력이 집중되어 나타나는 문제를 막기 위해 권력을 분산시켜 상호 대립하고 충돌하게 만드는 것이 목적이 아니다. 5권의 분립의 목적은 천일국 운영을 위한 기능들을 나누어 담당하고, 나뉜 기능들끼리 상호 조화롭게 협력하게 함으로써, 전체적으로 보다 효율적이고 효과적으로 천일국이 운영되도록 만들려는 것이다.

현실적인 측면이란 5권이 불완전한 인간들로 구성되고 운영되기 때문에 권위를 잘못 사용할 가능성이 있으므로, 서로 상대방이 권위를 잘못 사용하지 않도록 견제할 필요가 있음을 말한다. 아직 불완전한 인간들이 천일국을 운영하므로 어느 정도의 기간 동안은 5권의 권위가 남용되지 않도록 서로 성찰할 필요가 있다. 이 경우 천일국헌법 해설서가 말하는 견제는 오늘날 일반적인 현실의 정치에서와 같은 상호 감시와 견제를 포함할 수 있으며, 대립과 충돌이 나타날지도 모른다.

넷째, 협조와 견제는 최고위원회 위원들 사이에도 필요할 것 같다. 최고위원회 구성원은 다양한 국가들을 대표하고 포괄할 수 있도록 구성되어야 한다. 그럼으로써 어느 한쪽으로 치우치지 않고 천일국 안의 다양성을 하나로 조화시킬 수 있어야 한다.

6) 집단적 의사 결정

바하이교는 협의와 집단적 의사 결정이 다양성을 융합시키는 최고의 방법이라고 주장하며 그것을 지역 공동체에서부터 세계 공동체까지 제도로서 정착시켰다. 그리고 협의를 통한 집단적 의사 결정을 위한 상세한 가이드라인을 교육한다. 천일국 초대 헌법도 참부모님 이후 천일국의 최고권위를 개인이 아닌 13명으로 구성된 기구(천일국최고위원회)에 부여하고, 집단적으로 의사를 결정 하도록 규정했다. 이것은 세계평화통일가정연합의 역사에서 획기적인 결정이다. 지금까지 세계평화통일가정연합은 그렇게 의사 결정을 한 적이 없었다. 천일국 헌법을 기준으로 권위와 통치의 새로운 패러다임이 시작된다고 볼 수 있다.

협의와 집단적 의사 결정이 천일국에 중심적인 요소로 규정된다면 그것은 최고위원회에만 적용되는 것이 아니라 천일국 전반에 확산되어 문화로 정착해야 할 것이다. 점차 소규모의 지역 공동체도 이러한 형식에 따라 움직일 필요가 있다. 이러한 협의와 집단의사결정 제도와 문화는 천일국 국민들에게 아직 낯설기 때문에 계몽의 기간과 훈련이 필요할지도 모른다. 얼마간 시행착오를 거쳐야 할지도 모른다. 이를 위해 바하이교에서처럼 협의와 결정을 위한 가이드라인 같은 것을 천일국 내부적으로 만드는 것도 도움이 될 것이다. 천일국은 우선 앞으로 천일국최고위원회의 활동을 주의 깊게 살펴보면서 필요하다면 제도적으로 수정 보완해야 할 것이다. 집단적 의사결정 제도는 정치학에서 그리고 그 외 관련 분야들에서도 많이 연구 된 주제이다. 천일국은 연구된 집단적 의사결정의 장단점을 참고하여, 단점은 최소화하고 장점은 극대화시키도록 노력해야 한다.

천일국 헌법이 최고권위를 개인이 아닌 대표자 집단(최고위원회)에게 부여한 기본적인 이유는 참부모님 이후 누구도 참부모님과 같은 절대적인 권위를 가질 수 없다는 신학적, 경험적 판단이라고 생각된다. 불완전한 인간 개인에게 종교적 통치적 최고권위를 부여하는 것보다 적절한 수의 개인들이 함께 최고권위의 기능을 나누어 갖고 상호 협의하여 수행하는 것이 보다 바람직한 결과를 만들 것으로 기대하는 것이다.

7) 선거활동 없는 추천추첨제 선거

바하이교에서는 선거를 위한 정치적 활동이 철저히 금지된다. 선거활동 없이 신도들은 각자 해당 공동체를 이끌 수 있는 사람들 9명에게 투표할 뿐이다. 이것이 종합되어 최종 선출자 9명이 결정된다. 천일국 헌법은 선거를 위한 조항을 두지만 선거활동의 허락 유무에 대해서는 구체적으로 규정하지 않고 있다. 그러나 천일국 헌법이 택한 추천추점이라는 선출 방식은 이미 선거활동이 없음을 내포하는 것 같다. 최종적으로 추첨을 하기 때문에 자기를 뽑아 달라는 홍보성 선거활동은 무의미하기 때문이다. 그렇지만 헌법 조항으로 또는 해당 하위법에서라도 이 점을 명문화 시키는 것이 더 좋을 것 같다. 구체적인 추천추첨 선거 방법은 지금 하위 법에서 만들어지고 있을 것이다. 천일국의 선거는 선거활동 없는 선거라는 점에서 바하이교와 공통점을 갖는다. 그러나 바하이교 선거에서 추첨의 요소는 없다. 종교에 기반을 둔 공동체에서 자신을 뽑아 달라는 정치적인 자기 홍보를 배제한 선거 방식은 필자에게 바람직해 보인다. 자기중심적인 분위기가 형성되지 않으며, 정파적 행동도 차단될 수 있다. 선거로 인한 분열의 가능성을 근원적으로 배제시킬 가능성이 대단히 높아진다.

그런데 천일국 초대 헌법이 규정하고 있는 선거는 중앙 기구인 천의원의 일부 의원들과 천의원에서 선출하는 최고위원회 일부 의원들에게만 해당된다. 앞으로 각 국가 단위, 지역 단위에서는 어떤 방식으로 책임자를 결정해야 할지 명시되어 있지 않다. 아마 참부모님 이후 시대에는 더 많은 기관의 수장들이 선거를 통해 선출되어야 할 것 같다. 천일국에서 추천추첨이라는 선거 방식이 과연 어떻게 실행될지 그리고 그 결과는 어떻게 나타날지 참으로 귀추가 주목된다. 천일국 헌법의 어떤 부분은 이미 실천한 내용들을 조문화 한 것이지만, 어떤 부분은 아직 경험 해보지도 못한 채 말씀과 이론에만 입각해 만들어 졌다. 선거제도는 바로 그런 후자의 대표적인 경우이다. 선거제도를 포함한 그런 부분들은 실천을 통해 계속 보완해 나가야 할 것으로 예측된다.

만일 천일국에서 참부모님 이후 시대에 선거가 책임자를 결정하는 핵심적 방법이 되어야 한다면 왜 그래야 할까? 일반적으로 근대국가 이후 국민이 그 대표자를 선출하여 권력을 부여하는 정치제도는 이른바 주권재민(主權在民)사상에 기초해 있다고 말할 수 있다. 주권재민사상이란 주권은 국민으로부터 나온다는 사상이다.[15] 그렇다면 참부모님 이후 천일국의 주권은 국민으로부터 나온다고 이해되는가? 천일국 헌법은 천일국의 주권이 하나님과 참부모님으로부터 나온다고 규정하며,[16] 하나님과 참부모님은 영원히 천주적으로 천일국을 다

15) 예를 들어 대한민국의 헌법은 주권재민사상을 따른다. "대한민국의 주권은 국민에게 있고, 모든 권력은 국민으로부터 나온다."

스린다고 규정된다. 그렇다면 천일국의 지도자는 하나님과 참부모님으로부터 임명받아야 한다. 그런데 지상에서 참부모님 이후 시대에는 어떻게 되는가? 헌법은 그 다음 조항에서 천일국의 주권이 국민을 통해 실현된다고 말한다.17) 이것은 참으로 의미심장한 규정이라고 생각된다.

주권이 하나님과 참부모님으로부터 나오며 그 실현은 국민을 통해서 된다는 것은, 참부모님 이후의 시대에 국민이 선출한 대표자가 통치의 책임을 맡게 되는데 이것은 마치 그들이 하나님과 참부모님으로부터 임명받는 것과 같다는 것을 의미할 수 있다. 국민의 뜻은 하나님과 참부모님의 뜻과 연결될 수 있으며, 하나님과 참부모님의 뜻은 국민들의 집단적 의사를 통해 나타날 수 있다. 이것은 우선 현실 속에서 하나님과 참부모님의 권위는 천일국 국민들의 권위로 나타남을 의미한다. 동시에 국민들에 의해 선출된 대표자들은 하나님과 참부모님으로부터 임명받은 것과 같은 입장에 설 수 있음을 의미한다. 천일국 시대에 선출된 대표자는 하나님과 참부모님으로부터 임명받은 것이며, 하나님과 참부모님을 모시듯 국민을 모셔야

16) 10조 1항 천일국의 평화이상세계를 위한 주권은 하나님과 참부모님으로부터 나온다.

17) 10조 2항 천일국의 평화이상세계를 위한 주권은 천일국 국민을 통해 실현된다.

한다. 천일국 초대 헌법에서 주권에 관한 규정은 현실적으로는 주권재민 사상과 같은 결과를 만들어내면서, 종교적으로는 주권의 근원을 궁극적으로 하나님과 참부모님에게 두고 하나님과 참부모님, 국민, 대표자를 모두 연결시킨다.

5. 마치는 글: 열린 천일국 헌법

천일국 헌법에 나타난 권위구조를 바하이교의 권위구조와 비교하며 고찰해 보았다. 유사한 점과 차이점을 함께 볼 수 있었다. 현재 천일국 헌법은 완성되었지만, 하위 법들은 만들어지는 과정 중에 있다. 천일국 초대 헌법은 참부모님 이후 시대가 오기 전에 적어도 한 번은 개정될 것으로 예상된다. 예상되는 개헌은 특히 임명제를 선출제로 변경하는 것과, 선출 방법을 구체화하는 내용을 포함할 것이다. 일정부분에서는 임명제가 유지 되어도 좋다. 천일국 헌법은 하나님의 영원불변한 '천법(天法)'과 구별할 필요가 있다. 그러한 천법의 요소를 담고 있기도 하지만, 그 시대와 환경에 따른 현실적 요소들도 포함될 수 있고 또 포함되어야 하기 때문이다. 또한 천일국 헌법이 말씀에 기초한다 하더라도, 인간의 심령과 지능이 성장하고 경험이 축적됨에 따라 말씀에 대한 이해가 깊어지고 넓어질 수 있으므로, 말씀에 기초한 헌법은 변화 발전할 수 있다. 따라서 천일국 헌법은 미래를 향해 열려있어야 한다. 최고위원회와 5권의 구조와 기능에 대해서도 재규정의 가능성은 열어놓아야 한다. 천일국 헌법은 말씀과 경험의 수수작용을 통해서 발전해 나가야 한다.

• 참고문헌

『원리강론』

김영경. 「바하이교의 역사적 개관 -19세기 중동에서 태어나 "세계종교"가 되기까지」. 『한국이슬람학회 논총』 13, 1 (2003).

안신·허우성. 「바하이신앙과 통일교의 평화론에 대한 비교연구: '새로운 예언자' 전통들의 유사점과 차이점」. 『신종교연구』 24 (2011).

안신. 「바하이신앙의 세계평화론 연구」. 『신종교연구』 19 (2008).

세계평화통일가정연합. 『천일국헌법해설: 법원(法源)편』. 서울: 성화출판사, 2014.

에슬몬트, J. E. 『바하올라와 신시대』. 김창진 옮김. 서울: 한국바하이출판사, 2009. 3판.

바하이한국공동체 홈페이지 <http://www.bahai.or.kr/html/main_2.php>

제7장_『원리강론』에서 두 이성성상의 상호관계에 대한 소고

1. 시작하는 글

『원리강론』은 "하나님의 본양성과 본음성은 각각 본성상과 본형상의 속성(屬性)"이라고 규정한다. 사실 이 문장의 의미는 스스로 명확하지 않다. 다만 현재 세계평화통일가정연합은 『통일사상요강』의 해석에 입각해 이해하고 있다. 『통일사상요강』에 의하면, "하나님의 성상(본성상)도 양성과 음성을 그 속성으로서 지니고 있고, 하나님의 형상(본형상)도 양성과 음성을 그 속성으로 지니고 있다."[1] 따라서 위에 인용된 『원리강론』의 내용도 그런 의미로 이해되고 있다. 새로운 영어판 『원리강론』은 아예 그런 의미가 명시적으로 드러나도록 번역했다.[2]

1) 『통일사상요강』, 52-53.

2) "God's original internal nature and original external form each contain the mutual relationship of original yang and original yin." HSA-UWC, *Exposition of the Divine Principle* (New York: HSA-UWC, 2006), 19.

그런데 『원리강론』에서 위 규정의 앞뒤 내용까지 연결시켜 논리적으로 분석해 보면, 그 의미가 달라 보인다. 즉 『원리강론』은 성상도 양성과 음성을, 그리고 형상도 양성과 음성을 속성으로 갖는다고 말하지 않는 것 같다. 『원리강론』은 양성은 성상의 속성이고, 음성은 형상의 속성이라고 말하는 것 같다. 이 글은 『원리강론』의 의도한 주장이 무엇인지 확인해보고, 가정연합에서 두 이성성상의 관계를 어떻게 규정하는 것이 타당한지에 대해 생각해보고자 한다.

2. 『원리강론』에 나타난 두 이성성상의 관계 재해석

『원리강론』의 해당 본문을 보자.

> 존재하는 것은 무엇이든지 그 자체 내에서뿐만 아니라, 다른 존재들과의 사이에서 ① 양성(陽性)과 음성(陰性)의 이성성상(二性性相)이 상대적 관계를 맺음으로써 비로소 존재하게 된다.[3] (인용문1) (번호와 밑줄은 필자의 강조)

나아가 우리는 모든 존재를 형성하고 있는, 보다 근본된

3) 『원리강론』, 22.

② 또 하나의 이성성상의 상대적 관계를 알아야 하겠다.[4] (인용문2) (번호와 밑줄은 필자의 강조)

그러면 성상(性相)과 형상(形狀)의 이성성상과 양성(陽性)과 음성(陰性)의 이성성상은 서로 어떠한 관계를 가지고 있는가? 본래 하나님의 ③ 본성상과 본형상은 각각 본양성과 본음성의 상대적 관계를 가지고 있기 때문에, 하나님의 ④ 본양성과 본음성은 각각 본성상과 본형상의 속성(屬性)인 것이다. 그러므로 ⑤ 양성과 음성은 각각 성상과 형상과의 관계와 동일한 관계를 가지고 있다. 따라서 양성과 음성은 내 외, 원인과 결과, 주체와 대상, 또는 종과 횡 등의 상대적 관계를 가지고 있는 것이다.[5] (인용문3) (번호와 밑줄은 필자의 강조)

이 인용문1,2,3의 논리적 흐름을 수식어를 빼고 정리하면 다음과 같다.

(1) 양성과 음성의 관계는 상대적 관계이다.
(2) 성상과 형상의 관계도 상대적 관계이다.
(3) 성상과 형상은 각각 양성과 음성의 상대적 관계를 갖는다.
(4) 그러므로 양성과 음성은 각각 성상과 형상의 속성이다.

---

4) 『원리강론』, 23.
5) 『원리강론』, 26.

(5) 그러므로 양성과 음성은 각각 성상과 형상과의 관계와 동일한 관계를 갖는다.

우선 내용 자체를 이해해보자. 먼저 (1)의 규정에서 양성과 음성의 '상대적 관계'가 어떤 성격의 관계인지 명료한 개념으로 규정되지 않은 채 사용되고 있다는 사실을 알아야 한다. 그리고 계속해서 '상대적 관계'가 어떤 관계인지 애매한 채 계속 사용되고 있다. '상대적 관계'가 어떤 관계인지 규정하지 않은 채, (2)에서 '성상과 형상의 관계'도 '상대적 관계'라고 말한다. 이어서 (3)에서 '성상과 형상은 각각 양성과 음성의 상대적 관계'를 갖는다고 말한다. 그리고 (4)에서 그러므로 '양성과 음성은 각각 성상과 형상의 속성'이라고 규정된다. 그리고 (5)에서 그러므로 '양성과 음성은 각각 성상과 형상과의 관계와 동일한 관계'를 갖는다는 결론에 도달한다. 따라서 성상과 형상의 상호관계(내 외, 원인과 결과, 주체와 대상, 종과 횡)가 그대로 양성과 음성의 상호관계가 된다고 말한다.

이제 이 논리적 흐름을 분석해보자. 먼저 (4)와 (5)의 논리적 인과관계를 살펴보자. 현재 (4)의 문장의 의미는 '성상도 양성과 음성을 속성으로 갖고, 형상도 양성과 음성을 속성으로 갖는다'라고 이해되고 있다. 이것을 (4-1)로 표기하자.

(4)가 그렇게 이해되므로, 따라서 거꾸로 (3)의 문장의 의미도 '성상도 자신 안에 양성과 음성의 상대적 관계를 가지며, 형상도 자신 안에 양성과 음성의 상대적 관계를 갖는다'라고 이해되고 있다. 이것을 (3-1)로 표기하자. 그런데 이렇게 이해하면 (4)와 (5) 사이에 논리적 인과관계가 성립되지 않는다. 이것을 요약해서 정리해보자.

(3-1) 성상도 자신 안에 양성과 음성의 상대적 관계를 가지며, 형상도 자신 안에 양성과 음성의 상대적 관계를 갖는다.

(4-1) 그러므로 성상도 양성과 음성을 속성으로 갖고, 형상도 양성과 음성을 속성으로 갖는다.

(5) 그러므로 양성과 음성은 각각 성상과 형상과의 관계와 동일한 관계를 갖는다.

(4-1)은 (5)의 논리적 근거가 될 수 없다. '성상도 양성과 음성을 속성으로 갖고, 형상도 양성과 음성을 속성으로 갖는다'면, 성상과 형상의 관계는 양성과 음성의 관계에 대해 논리적으로 아무런 함의를 갖지 못한다. (4-1)은 성상과 형상의 상호관계와 양성과 음성의 상호관계가 서로 동일한지 아닌지

를 논리적으로 판단할 수 있는 근거가 될 수 없다. 그러므로 (4)를 현재처럼 (4-1)로 이해하면 (5)와의 사이에 논리적인 인과가 성립되지 않는다.

그렇다면 (4)의 의미를 어떻게 이해해야 (5)의 논리적인 근거가 될 수 있을까? (4)가 (5)의 논리적인 근거가 되려면, '양성은 성상의 속성이고, 음성은 형상의 속성이다'라고 이해되어야 한다. 이것을 (4-2)로 표기하자. 그래야 (4)와 (5) 사이에 논리적인 인과관계가 성립된다. (4)의 문장 속에 있는 '각각'은 (4-1)의 의미(성상은 양성과 음성을 속성으로 갖고, 형상도 양성과 음성을 속성으로 갖는다)를 만드는 것이 아니라, (4-2)의 의미(양성은 성상의 속성이고, 음성은 형상의 속성이다)를 만드는 것으로 이해되어야 한다. 그렇다면 (4)의 근거인 (3)의 문장의 의미도 '성상과 형상의 상호관계는 양성과 음성의 상대적 관계이다'로 이해되어야 한다. 이것을 (3-2)로 표기하자. 이것을 요약해서 정리하면 다음과 같다.

(3-2) 성상과 형상의 상호관계는 양성과 음성의 상대적 관계이다.

(4-2) 그러므로 양성은 성상의 속성이고, 음성은 형상의 속성이다.

(5) 그러므로 양성과 음성은 각각 성상과 형상과의 관계와 동일한 관계를 갖는다.

(4-2)와 (5) 사이에는 논리적 인과성이 분명하다. 성상의 속성은 양성이고, 형상의 속성은 음성이므로, 당연히 성상과 형상의 상호관계는 논리적으로 양성과 음성의 상호관계를 내포하게 된다. 자연스럽게 양성과 음성의 상호관계는 성상과 형상의 상호관계와 동일하게 된다.

이후 내용의 맥락은 이 해식이 타당하다고 보여준다. 『원리강론』은 인용문 3 이후 계속해서 하나님을 “성상적 남성격 주체”로 피조세계를 “형상적 여성격 대상”으로 규정하는데, 그 규정도 위에서 말한 새로운 해석(3-2, 4-2)를 전제하고 있다. 관련 내용을 인용해보자.

> 따라서 이 유기체도 성상과 형상을 갖추어야 할 것이니 그의 ⑥ 성상적인 존재가 하나님이시요, 그 ⑦ 형상적인 존재가 피조세계인 것이다. [중략] 따라서 피조세계가 창조되기 전에 있어서의 ⑧ 하나님은 성상적인 남성격 주체로만 계셨기 때문에, ⑨ 형상적인 여성격 대상으로 피조세계를 창조하여야만 했던 것이다. [중략] 이와 같이 하나님은 성상적인 남성격 주체(男性格 主體)이시기 때문에 우리는

그를 아버지라 불러 그 격위(格位)를 표시하는 것이다.[6]
(인용문 4) (번호와 밑줄은 필자의 강조)

여기에 담긴 핵심적인 논리의 전개는 다음과 같다.

(6) 하나님은 성상적 존재다.
(7) 피조세계는 형상적 존재다.
(8) 그러므로 하나님은 남성격 존재다.
(9) 그러므로 피조세계는 여성격 존재다.

(6)은 별다른 추가적인 논리적 근거 없이 바로 (8)의 결론으로 나아간다. (7)도 별다른 추가적인 논리적 근거 없이 바로 (9)의 결론으로 나아간다. 이 논리적 전개는 (4-2)의 의미 곧 '양성은 성상의 속성이며, 음성은 형상의 속성이다'를 전제할 때만 가능하다. 만일 (4-1)의 의미 곧 '성상도 양성과 음성을 속성으로 가지며, 형상도 양성과 음성을 속성으로 갖는다'를 전제하면, (6)은 추가적인 논거 없이 (8)로 나아갈 수 없고, (7)도 추가적인 논거 없이 (9)로 나아갈 수 없다. 그러나 (4-2)의 의미 곧 '양성은 성상의 속성이고, 음성을 형상의 속성이다'가 전제되면, (6)의 성상적 존재는 (8)의 남성격 존

6) 『원리강론』, 27.

재라는 의미를 내포하고, (7)의 형상적 존재는 (8)의 여성격 존재라는 의미를 내포하게 된다. 이것을 종합하여 정리하면 다음과 같다.

(3-2) 성상과 형상의 상호관계는 양성과 음성의 상대적 관계이다.
(4-2) 그러므로 양성은 성상의 속성이고, 음성은 형상의 속성이다.
(5) 그러므로 양성과 음성은 각각 성상과 형상과의 관계와 동일한 관계를 갖는다.
(6) 하나님은 성상적 존재다.
(7) 피조세계는 형상적 존재다.
(8) 그러므로 하나님은 남성격 존재다.
(9) 그러므로 피조세계는 여성격 존재다.

3. 재해석된 논리전개에 대한 검토

만일 위의 재해석이 타당하다면, 그것은 몇 가지 문제점을 가지고 있다. 이후 논의의 편의를 위해 '성상과 형상의 상호관계'를 A로, '양성과 음성의 상대적 관계'를 B로 표기해보자. 첫째, (4-2)에서 양성은 성상의 속성이며, 음성은 형상의 속성이라고 한다면, 무엇보다도 하나님의 양성과 음성의 이성성상을 올바르게 설명하기 어렵다. 하나님이 양성과 음성의 이성성상으로 존재한다는 것은, 남성적 성품과 여성적 성품을 동시에 조화롭게 가지고 있다는 의미이다. 그렇다면, 성품은 성상의 영역이므로, 하나님의 성상은 양성과 음성을 동시에 속성으로 가지고 있어야 한다. 이것은 성상의 속성이 양성이고, 형상의 속성이 음성이라는 규정과 다르다.

둘째, (3-2)에서 '성상과 형상의 관계'가 '양성과 음성의 상대적 관계'라고 하여, (4-2)에서 성상이 양성을 속성으로, 형상이 음성을 속성으로 갖는다고 말할 수 없다. 관계의 방식을 나타내는 규정에 근거해 존재론적 속성을 규정하지 못한다. 예를 들어, '성상과 형상의 상호관계의 방식'이 '높음과 낮음의 상호관계의 방식'과 같다고 하여, 성상은 높음이라는 속성을 갖고, 형상은 낮음이라는 속성을 갖는다고 말할 수 없는 것과 같다.

'성상과 형상의 상호관계의 방식'이 '양성과 음성의 상대적 관계'라는 것은 말 그대로 성상과 형상의 '상호관계의 방식'이 '상대적 관계의 방식'이라는 것이다. 서로 관계의 방식이 같다는 것만 가지고는, 한쪽의 관계의 쌍이 다른 쪽의 관계의 쌍을 존재론적인 속성으로 갖는다는 결론으로 나아가기 어렵다. '존재의 속성'과 '존재들의 관계의 방식'은 범주적으로 구분된다.

셋째, '관계의 방식'의 관점에서 보면, (3-2)에서 A'성상과 형상의 상호관계'가 B'양성과 음성의 상대적 관계'를 갖는다고 규정되는 것은 A가 B의 구체적인 하나의 사례라는 의미이므로, (5)에서 A가 B와 동일하다고 규정될 수 없다. 다시 말해 (3-2)에서 A는 논리적 주어이고, B는 논리적 술어로서, A는 B의 한 원소이므로, A는 B와 동일할 수 없다. 종개념과 유개념을 사용하면, A'성상과 형상의 상호관계'는 종개념이고, B'양성과 음성의 상대적 관계'는 유개념이다. B는 전체집합이고, A는 B의 부분집합이다. 그러므로 논리적으로 하나의 종개념의 성질이 유개념을 형성하는 성질과 동일하다고 말할 수 없다. 부분집합의 성격이 전체집합의 성격과 동일할 수는 없다.7)

이것을 풀어서 말하면 다음과 같다. '양성과 음성의 상대적 관계'란 서로 '상대적 관계'를 갖는 모든 종류의 관계들을 포괄한다. 양성과 음성은 하나의 고정된 존재론적 성질을 의미

7) 물론 논리적으로 이것이 가능한 경우도 있다. A=B일 경우이다. 그러나 『원리강론』 자체와 『원리해설』과 『통일사상요강』에 의하면, 관계의 관점에서, A는 B의 하나의 사례로 이해된다. 즉 A⊂B이다.

하는 개념이 아니라, 서로 상대적 관계를 갖는 다양한 요소를 포괄하는 범주적 개념이다. 성상이 형상을 주관하는 관계방식은 '양성과 음성의 상대적 관계방식'의 한 예이다. '양성과 음성의 상대적 관계방식'에는 주종의 상대적 관계방식 외에 다른 종류의 상대적 관계방식들도 있다. 예를 들어 호혜적인 상보적 관계도 가능하다. 그러므로 성상과 형상의 주관적인 상대적 관계가 양성과 음성의 상대적 관계의 전부인 것처럼 여겨져서, 양자(兩者)가 동일하다고 규정되기는 어렵다.

4. 마치는 글

위에서 살펴본 바와 같이, 만일 『원리강론』이 말하고자 하는 바가 '성상은 양성을 속성으로 갖고, 형상은 음성을 속성으로 갖는다'는 것이라면, 이것은 논리적인 문제를 내포하게 된다. 그러므로 가정연합의 사상 전반에서 두 이성성상의 관계는, 『통일사상요강』이 말하는 바와 같이, '성상도 양성과 음성을 속성으로 가지며, 형상도 양성과 음성을 속성으로 갖는다'고 이해되어야 한다고 생각된다. 그렇다면 현재 『원리강론』의 해당 설명은 다소 보완될 필요가 있어 보인다.

하나님이 '성상적 남성격 주체'이며, 피조세계가 '형상적 여성격 대상'이라는 규정에서, 남성격 여성격은 존재론적인 본성을 의미하는 것이 아니라, 관계적 개념으로 이해되어야 한다. 하나님의 존재론적 본성은 양성과 음성의 이성성상이다. 하나님은 남성과 여성을 동시에 조화롭게 가진 분이다. 남성격, 여성격이라는 것은 하나님과 피조세계의 관계가 남성과 여성의 상대적인 관계와 같다는 것이며, 그것은 하나님과 피조세계가 부부처럼 친밀하게 일체되는 관계라는 의미를 함의하는 것 같다.

● 참고문헌

『원리강론』

『통일사상요강』

HSA-UWC. *Exposition of the Divine Principle*. New York: HSA-UWC, 2006.

제8장_ 계시와 참부모님

계시의 기본적 의미는 하나님이 자신을 드러내어 알려주는 것이다. 『원리강론』의 총서론에 의하면, 하나님의 모든 내용을 완전하게 밝히는 새진리는 계시로서 인류에게 나타난다.[1] 계시로서 나타난 새진리가 바로 참부모님이 선포한 통일원리이다. 통일원리는 인간에게 하나님을 완전히 알려준다. 하나님은 참부모님을 통하여 자신이 인류의 무형의 종적인 참부모라는 진리를 완전히 계시하였다. 그럼으로써 인류는 하나님이 자신들의 근원적인 참부모라는 사실을 비로소 알게 된다. 하나님과 인간은 사랑과 생명과 혈통이 연결된 부모와 자녀의 관계이며, 하나님의 창조목적은 하나님과 인간이 사랑으로 하나 되어 함께 생활하면서 기쁨을 누리는 것이다.

하나님의 창조목적은 인간과 사랑을 주고받으며 기쁨을 느

1) 『원리강론』, 18.

끼려는 것이므로 창조본연의 인간은 하나님을 자연스럽게 알고 성장하여 하나님과 심정일체를 이루도록 창조되었다.[2] 하나님은 본질적으로 창조본연의 인간에게 감춰진 존재가 아니며, 창조본연의 인간에게 하나님의 계시라는 것은 필요 없다. 하나님은 자신의 자녀인 인간이 하나님을 자연히 알고 경험하며 심정을 공명하며 같이 살 수 있는 존재로 창조하였던 것이다. 그러나 인간 시조가 성장기간에 타락하여 하나님과 단절됨으로써 하나님을 모르게 되었고, 결국 타락한 인간 시조의 후손인 인류에게 하나님은 감춰진 존재가 되고 말았다. 따라서 하나님 자신이 스스로를 드러내어 알려주어야만 인간은 하나님을 온전히 알 수 있다. 이것이 인간에게 하나님의 자기 계시가 필요한 근본적인 이유이다. 인간이 하나님을 알고 그 앞으로 다시 나아가기 위해서는 하나님의 계시가 필요하게 되었다.

타락한 인간 시조의 후손들이 하나님을 아는 방법은 크게 두 가지로 나눌 수 있다. 하나는 인간의 이성과 경험으로 자연과 역사를 탐구함으로써 점차 하나님에 대해 조금씩 알아 가는 것이다. 다른 하나는 인간이 그렇게 깨달을 수 없는 하나님

---

2) 『천성경』 1.1.1:11. "그러면 그 주체자, 즉 절대적인 하나님이 계셔서 사람을 만들었다면 하나님 자신이 말하는 것, 보는 것, 느끼는 것을 사람이 모르게 만들 수 있겠습니까?" 『참부모경』 1.1.4:14. "본래 아담 해와는 하나님을 보면서 자라는 것입니다."

의 내용을 하나님이 직접 계시로서 가르쳐주는 것이다. 하나님은 자신의 성상과 형상을 전개하여 자신을 닮은 인간을 형상적 개성진리체로 창조하고, 다시 인간을 닮은 피조세계를 상징적 개성진리체로 창조하였다. 따라서 하나님의 속성은 피조세계에 반영되어 있기 때문에 피조세계를 관찰함으로써 하나님의 속성을 어느 정도 알 수 있는 것이다. 또한 인간의 역사에는 하나님의 복귀섭리가 반영되어 있으므로 역사를 분석함으로써 하나님의 뜻을 어느 정도 알 수 있다. 그러나 하나님의 깊은 본성과 심정은 자연과 역사 속에 명시적으로 나타나지 못하므로 인간이 그러한 방법으로 알 수 없다. 또한 하나님이 세운 창조원리의 핵심과 특히 탕감복귀섭리의 핵심적 내용도 그러한 방법으로 알려질 수 없다. 이러한 내용들은 하나님이 스스로 가르쳐 줄 때 인간은 하나님이 가르쳐 준 것만큼 알 수 있다.

『원리강론』이 말하듯이 인간은 타락하여 심령과 지능이 영락하였고, 복귀섭리에 의해 조금씩 복귀되어 나오기 때문에 하나님이 자신을 알려주는 수준과 범위와 방법을 다르게 할 수밖에 없다.[3] 인간의 심령과 지능이 낮을 때에는 그 수준의 인간이 이해할 수 있는 수준과 방법으로 하나님에 대해 가르쳐 주

3) 『원리강론』, 10.

어야 한다. 인간의 심령과 지능이 점차 성장함에 따라 하나님은 보다 높은 수준에서 가르쳐 줄 수 있다. 계시의 목적과 대상에 따라서도 계시의 수준과 범위와 방법이 달라질 수도 있다. 그 사명분야에 따라 하나님이 의도한 범위와 정도의 내용이 계시된다. 또한 하나님은 사탄의 주관권에 있는 사탄 혈통의 인간에게 직접 현현하여 자신을 온전히 가르쳐줄 수 없다. 하나님은 오직 자신의 직계혈통의 자녀에게 직접 현현하여 자신을 온전히 계시할 수 있다. 따라서 하나님을 완전히 알려주는 계시는 오직 하나님의 직계혈통의 자녀인 초림메시아 곧 예수님과 재림메시아 곧 참부모님에게만 직접 주어진다. 그 외 복귀섭리의 중심인물들과 다양한 종교의 창시자들에게는 간접적으로 천사들을 통해 하나님을 부분적으로 계시할 수밖에 없다. 따라서 그들은 하나님에 대해 부분적으로 불완전하게 안다. 그들은 하나님이 참부모 하나님이라는 것을 온전히 알지 못했다. 더욱이 하나님이 직계혈통의 자녀에게 참부모 하나님을 가르쳐주더라도, 그 직계혈통의 자녀가 성혼하여 인류의 참부모로 등장하고, 하나님과 일체되어야만 참부모 하나님을 역사 속에서 온전히 실체적으로 드러낼 수 있는 것이다.

구약시대에는 하나님이 자신을 직접 가르쳐 줄 수 있는 직계혈통의 자녀가 없었다. 하나님은 천사들을 통하여 사탄 주관 하에 있는 인간과 간접적으로 관계 맺을 수밖에 없었다.[4] 하나님은 천사보다도 낮은 위치에 떨어진 종과 같은 인간에게 자신이 참부모라는 것을 가르쳐 줄 수 없다. 천사들을 통해 구약시대의 인간들이 알 수 있는 정도로 자신을 계시하며 복귀섭리를 진행하였다.[5] 따라서 구약시대의 인간들은 창조주가 사랑의 참부모라는 것을 알지 못하고, 자신들이 창조주의 종이라고 이해했다. 구약시대는 하나님 직계혈통의 자녀를 보내기 위한 준비의 과정이다. 하나님은 직계혈통의 자녀를 창조하고 그에게 자신을 온전히 계시하여 전 인류에게 자신이 근원적인 참부모라는 것을 알려주고자 했다.

하나님은 복중복귀의 터전 위에서 2000년 후 사탄의 참소조건이 없는 직계혈통의 아들 예수님을 제2아담으로 창조하였다. 하나님은 예수님에게 자신이 참부모 하나님이라는 것을 계시하고, 그가 실체의 횡적인 참부모로 완성하여, 참부모 하나님을 온전히 드러내어 주기를 기대했다. 그러나 예수님은 하나님이 사랑의 아버지이며, 인간은 그의 자녀라는 것만을 선포할 수 있었다. 유대민족의 불신으로 계시 받은 내용을 다 밝히지

---

4) 『천성경』 1.4.1:48. "하나님은 타락으로 더럽혀진 땅을 다시 회복하시려고 남아진 천사들을 통하여 인간과 관계를 맺는 구원섭리를 해 나오고 계십니다."

5) 『천성경』 1.4.2:27. "구약시대에는 모세가 사랑의 하나님은 소개하지 못하고 권능의 하나님, 능력의 하나님, 심판의 하나님만을 소개했습니다."

못한 이유도 있지만, 더 깊은 이유는 예수님이 하나님의 직계 혈통의 딸을 신부로 맞아 참부모를 완성하지 못하였기 때문이다. 남성 예수님 혼자서는 이성성상의 하나님을 온전히 드러낼 수 없다. 예수님은 유대민족의 불신으로 실체의 참부모가 되지 못한 채 지상의 삶을 마쳤다. 결국 예수님은 하나님을 사랑의 아버지로밖에 소개하지 못하였던 것이다. 그러므로 예수님을 중심한 신약시대에도 참부모 하나님은 온전히 드러나지 못했다. 예수님은 하나님을 아버지로 불렀고, 하나님의 여성성과 모성은 인간들에게 알려지지 못했다. 그럼으로써 기독교는 창조주 하나님을 아버지로만 불완전하게 이해하여 왔다.

예수님 이후 2000년 만에 하나님은 다시 인류의 조상으로 제3차 아담과 해와를 창조했다. 그리고 그들을 통해 자신을 완전히 드러내어, 창조본연의 하나님과 인간의 부모자녀 관계를 회복하고자 했다. 하나님은 제3차 아담과 해와에게 먼저 자신이 참부모 하나님인 것을 계시했다. 하나님의 완성급 계시에 기초해, 제3차 아담과 해와는 하나님을 중심한 성혼식을 통해 인류의 횡적인 참부모로 현현했다. 참부모 하나님을 온전하게 아는 참부모님은 하나님의 실체대상으로 완성하여 피조세계에 참부모 하나님을 온전히 드러내며, 하나님의 뜻을 이루어 드리기 위해 노력했다.

참부모님은 고난의 복귀섭리의 과정을 승리하고 무형의 종적인 참부모 하나님과 일체되어 천지인참부모님으로 완성하였다. 이성성상의 하나님은 드디어 실체의 참부모님을 통해서 자신이 인류의 근원적인 참부모라는 사실을 완전히 계시할 수 있게 되었다.[6] 실체의 참부모님 곧 참아버님과 참어머님은 무형의 창조주 하나님의 이성성상의 본성을 인류 앞에 실체적으로 보여줄 수 있다. 창조주 하나님은 부성과 모성이 조화된 본성을 가진 무형의 참부모이며, 타락한 인류를 자녀로 재창조하기 위해 애달픈 심정으로 섭리를 해온 참사랑의 참부모이다. 참부모님은 참부모 하나님의 그 심정과 뜻과 진리를 인류에게 온전히 알려 줄 수 있다. '천지인참부모 실체말씀'에서 볼 수 있듯이, 하나님과 일체를 완성한 천지인참부모님은 피조세계에 하나님을 실체로 보여주는 분이다. 무형의 종적인 참부모 하나님이 실체의 천지인참부모님으로 계시된 것이다. 하늘부모님 호칭은 천지인참부모님의 완성 이후 참부모 하나님의 본성을 보다 온전히 드러내는 것이다.

참부모님이 직접 만난 하나님은 타종교에서 말하듯이 영광

6) 『천성경』 1.1.1:1. "선생님은 일찍이 오랜 기도와 명상의 생활에서 실존하는 하나님과 드디어 상봉하여 절대진리를 전수받게 되었습니다." 『참부모경』, 2.3.4:8. "내가 받은 새로운 계시는 하나님의 뜻을 아주 명백하게 밝힌 것입니다."

가운데 있는 분이 아니었다. 참부모님에게 현현한 하나님은 인간조상의 타락으로 잃어버린 자녀를 다시 찾기 위해 눈물 흘리며 복귀섭리를 진행해온 사랑의 부모였다. 참부모님은 자신의 삶과 말씀을 통해 그러한 참부모 하나님의 심정과 뜻을 인류에게 알려주었다. 인간을 자녀로 창조할 때의 참부모 하나님의 소망의 심정, 타락으로 잃어버린 자녀를 다시 복귀하기 위해 섭리해온 참부모 하나님의 애달픈 심정과 사정을 가르쳤다. 그리고 축복결혼을 통해 인류를 참부모 하나님의 직계혈통의 자녀로 중생시켜 왔다. 그리하여 인류가 다시 하나님의 자녀로서 참부모 하나님과 심정일체를 이루어 함께 살아갈 수 있도록 재창조 해왔다. 참부모님을 통해 하나님은 참사랑의 참부모 하나님이며, 인간은 그의 참자녀라는 창조본연의 관계가 완전히 밝혀진 것이다. 비로소 인류는 참부모 하나님 앞에 창조본연의 참자녀로 회복될 수 있게 된 것이다. 이 새진리의 내용은 참부모님의 삶과 말씀과 통일원리 안에 체계적으로 담겨있다.

참부모님은 하나님으로부터 받은 계시의 내용을 섭리적 진전에 따라 점진적으로 선포하였다. 『원리강론』의 총서론은 "여기에 발표하는 말씀은 바로 그 진리(眞理)의 일부로서, 이것은 지금까지 그의 제자들이 듣고 본 범위의 것을 수록한 데

불과한 것이다. 때가 이르는 대로 더 깊은 진리의 부분이 계속 발표될 것으로 믿고 또 고대하는 바이다."[7]라고 기록하고 있다. 하나님에 대한 참부모님의 말씀 속에는 『원리강론』에 없는 내용들도 많이 있다. 따라서 참부모님의 삶과 말씀 전체를 통해서 참부모 하나님을 이해해야 한다.

• 참고문헌

『천성경』
『원리강론』

7) 『원리강론』, 18.

제9장_ 통일신학의 방법론 서설

통일신학을 연구함에 있어서 다음의 내용들을 염두에 두어야 한다. 첫째, 참부모님의 말씀과 현실의 수수법이다. 말씀과 현실을 수수법(授受法)적으로 종합하여 말씀과 현실을 이해한다. 수수법적 방법이라는 것은 한편으로 말씀의 관점에서 현실을 평가하고 해석하며, 동시에 다른 한편으로 현실에 입각해 말씀을 이해하고 해석하는 과정을 통해, 말씀과 현실을 동시에 조화롭게 고려하여 신학 이론을 정립하는 것을 말한다.

이러한 수수법은 사변(思辨)과 경험(經驗)의 통일, 합리론(合理論)과 경험론(經驗論)의 통일, 연역법(演繹法)과 귀납법(歸納法)의 통일을 내포한다. 이때 어느 쪽에 보다 무게의 중심을 두느냐에 따라 다양한 신학적 견해들이 발생할 수 있으며, 이 경우 진지한 열린 논의와 조화의 추구가 요청된다. 이러한 방법론과 그에 따라 나타나는 상황들은 대부분의 종교의 교학과 신학에서 나타난다. 예를 들어 기독교 신학은 자신들의 경전(Text)과 상황(Context)의 조화를 추구한다. Text와 Context라는 영어 표현은 일반적인 의미를 가질 수 있으므로, 통일신학에서도 사용할 수 있다. 즉 참부모님의 말씀을 Text로 현실을 Context로 표현할 수 있다.

현실은 말씀이 성취되고 계시적 진리가 입증되는 곳이다. 예를 들어 『원리강론』은 기독교가 현실을 사랑이 넘치는 하나님의 나라로 변혁하지 못했음을 비판하면서 기독교의 한계를 지적한다. 가정연합은 하나님의 나라 천일국을 현실 속에서 건설하고자 한다. 말씀과 현실의 균형은 대단히 중요하다.

둘째, 신앙과 이성의 조화이다. 신앙과 이성의 관계는 크게 강한 합리주의, 신앙주의, 비판적 합리주의라는 3가지로 구분될 수 있다. 강한 합리주의는 "종교적인 믿음 체계가 올바르고 합리적으로 받아들여지기 위해서는 그 믿음 체계가 옳다는 것이 입증될 수 있어야 한다"는 입장이다.[1] 신앙주의는 "종교적인 믿음 체계들이 합리적인 평가를 받지 않는다"는 입장이다.[2] 비판적 합리주의는 "종교적인 믿음 체계들에 대한 결정

---

1) 마이클 피터슨 외, 『종교의 철학적 의미』, 하종호 옮김 (서울: 이화여자대학교 출판부, 2009), 89-90.
2) 마이클 피터슨 외, 『종교의 철학적 의미』, 96.

적인 증명이 불가능하더라도 그러한 믿음 체계들이 합리적으로 비판되고 평가될 수 있으며, 또 그러해야만 한다"는 입장이다.[3] 현재의 통일신학은 이 중에서 세 번째 입장과 가장 가깝다고 볼 수 있다. 즉 현재 통일신학이 믿음과 이성을 완전히 조화시키지 못하더라도, 최대한으로 양자를 조화시키도록 노력해야 한다. 그러나 믿음과 이성은 하나의 진리에 대한 양면의 태도이므로 궁극적으로 완전히 조화되는 방향으로 점차 나아갈 것이다.

셋째, 종교와 과학의 통일이다. 『원리강론』은 새 진리가 종교와 과학을 통일된 하나의 과제로 해결할 수 있어야 한다고 말한다.[4] 새 진리는 참부모님의 말씀이므로, 이에 기초한 통일신학은 종교와 과학을 통일 시키는 기본 입장을 갖는다. 과학의 발전은 하나님의 복귀섭리에 따른 결과로서 타락으로 인한 인간의 외적 무지를 극복하는 과정이다. 따라서 통일신학은 인간의 내적 무지를 극복하는 종교와 외적 무지를 극복하는 과학을 조화 통일 시킨다는 기본 입장에서 정립되어야 한다. 한편 과학이란 자연과학뿐만 아니라 그를 포함한 제반 학문을 의미할 수 있으므로, 종교와 과학의 통일이란 종교와 제

---

3) 마이클 피터슨 외, 『종교의 철학적 의미』, 103.
4) 『원리강론』, 4.

반 학문의 통일이라는 의미도 갖는다.

종교와 과학의 통일, 또는 종교와 제반 학문의 통일이란 방법은 구체적으로 말해 통일신학이 과학과 조화될 수 있어야 하며, 또한 제반 학문들과 조화될 수 있어야 함을 의미한다. 곧 통일신학은 제반 학문들과 비판적으로 대화하여 타당성이 입증된 내용들은 수용 또는 그것과의 조화를 추구하여 자신을 발전시켜야 하며, 다른 한편 그들에게 통일신학에 기초한 심오한 통찰력과 새로운 방향성을 제시하여 궁극적으로 참부모님의 말씀을 중심하고 과학과 전 학문이 통일되도록 안내해 줄 수 있어야 한다. 이것이 『원리강론』이 말하는 종교와 과학의 통일의 의미로 볼 수 있다. 기존 과학과 학문 중에는 비원리적인 내용도 많으므로 신중히 선별해야 한다.

넷째, 신령과 진리의 조화이다. 세계평화통일가정연합의 신앙은 『원리강론』이 말하는 대로 신령(神靈)과 진리(眞理)를 병행한다.[5] 세계평화통일가정연합의 세계관은 영계(靈界)를 보다 본질적인 세계로 규정하며, 영적 체험의 가능성을 긍정한다. 따라서 영적인 체험은 통일신학에서 다루어질 수 있는 대상이다. 그러나 영적인 체험은 반드시 통일원리 전반에 근거한 이성적 성찰을 통해 통일신학에서 다루어져야 한다. 세

5) 『원리강론』, 142.

계평화통일가정연합에는 조상해원 및 축복, 영인 구원, 영계 메시지 등 많은 영적인 내용들이 있다. 이러한 내용들은 반드시 통일원리 전반과 조화되며 이성적으로 합리적일 수 있도록 설명되어야 한다.

다섯째, 통일신학은 열려있어야 한다. 참부모님의 말씀은 불변하되, 말씀에 근거한 통일신학은 다음과 같은 이유들 때문에 미래의 발전에 열려 있어야 한다. (1) 인간의 한계로 인해 통일신학은 열려 있어야 한다. 인간의 이성의 한계, 경험의 한계, 언어의 한계, 문화의 영향 등을 고려할 때 현재 세계평화통일가정연합은 참부모님의 말씀을 지금 여기에서 모두 이해한다고 말할 수 없다. 인간은 부분적 관점을 가지고 참부모님의 말씀을 바라본다. 따라서 통일신학은 발전해야 한다. (2) 인간의 가능성으로 인해 통일신학은 열려 있어야 한다. 하나님의 섭리에 따라 인간의 영적, 지적 능력이 성장하고 지식은 축적된다. 따라서 인간은 점점 진리를 보다 깊이 깨달을 수 있을 것이며 통일신학은 미래의 인간의 성숙에 열려 있어야 한다. (3) 현실 상황의 변화는 말씀의 새로운 해석을 요청할 수 있다. 새로운 상황 속에서 말씀의 새로운 측면이 드러날 수 있다. 새로운 상황은 말씀 이해를 심화 확대시킬 수 있다.

예를 들어 청평의 조상해원식이 시작된 후 『원리강론』의 내용을 새롭게 이해하게 되었다. 또한 원죄(原罪)와 타락성(墮落性)의 의미가 보다 구체적으로 규정되었고, 참아버님 성화 후 참부모님의 사명에 대한 이해와 하나님 나라의 완성에 대한 이해가 새롭게 규정되고 있다.

여섯째, 통일신학은 자신의 특징에 맞는 신학적 틀 위에 세워져야 한다. 통일신학은 더 이상 다른 신학의 틀에 입각해 자신을 전개하지 말고, 자신만의 신학적 틀을 세워 자신을 정립해야 한다. 물론 그 과정에서 다른 종단의 신학적 체계 또는 일반적으로 말해 교리학의 체계들을 참고할 수 있지만, 기본적으로 자기 내부로부터 신학적 틀을 이끌어 내고, 이 관점에서 다른 신학들을 평가하고 대화할 수 있어야 한다.

• 참고문헌

『원리강론』

피터슨, 마이클 외. 『종교의 철학적 의미』. 하종호 옮김. 서울: 이화여자대학교출판부, 2009.